夢をかなえる

10歳からの脳番地トレーニング

加藤俊徳 著
医学博士／「脳の学校」代表

チャレンジ！
なんて読《よ》むのか
わかるかな？

脳《のう》を育《そだ》てるコツや
トレーニング方法《ほうほう》を
学《まな》ぶよ！

1ページのこたえ「ざる」

「さる」に「゛（だく点《てん》）」がついているので「ざる」と読《よ》みます。これは「判《はん》じ絵《え》」といって、江戸時代《えどじだい》に流行《りゅうこう》した絵文字《えもじ》なぞなぞのひとつです。かかれた絵《え》がなにをあらわしているかを推理《すいり》することで、脳《のう》のいろいろな部分《ぶぶん》を刺激《しげき》することができます。

この本《ほん》には、脳《のう》をきたえる「判《はん》じ絵《え》」がほかにものっていますから、ぜひチャレンジしてみてください！

はじめに

自分《じぶん》の夢《ゆめ》をかなえる「脳《のう》の小学校《しょうがっこう》」へいこう！

将来《しょうらい》の夢《ゆめ》には、「脳《のう》を変《か》える力《ちから》」があります！

夢《ゆめ》を追《お》いかけることで脳《のう》も成長《せいちょう》するのです！

脳《のう》を成長《せいちょう》させる力《ちから》は、だれもがもっています。毎日《まいにち》の生活《せいかつ》が夢《ゆめ》でみたされれば、脳《のう》は夢《ゆめ》に向《む》かってどんどん成長《せいちょう》していきます。逆《ぎゃく》に、夢《ゆめ》がなく、いやいやばかりの生活《せいかつ》では、脳《のう》の成長《せいちょう》はゆっくりになります。

毎日《まいにち》の生活《せいかつ》で脳《のう》がみる夢《ゆめ》は二《ふた》つあります。一《ひと》つ目《め》は、寝《ね》てからみる夢《ゆめ》、二《ふた》つ目《め》は、朝《あさ》おきてからみる夢《ゆめ》です。

夜《よる》みる夢《ゆめ》は、経験《けいけん》したことがいっぱいつまっています。脳《のう》の記《き》おくする力《ちから》を高《たか》めます。脳《のう》は新《あたら》しい体験《たいけん》でどんどん成長《せいちょう》していきます。毎日《まいにち》、夢《ゆめ》がちがうのは、毎日経験《まいにちけいけん》を積《つ》み重《かさ》ねるからです。

朝《あさ》からみる夢《ゆめ》は、はじめに書《か》いた将来《しょうらい》の夢《ゆめ》のことです。人《ひと》を前向《まえむ》きにします。くりかえしになりますが、朝《あさ》からみる夢《ゆめ》には、自分《じぶん》で脳《のう》を変《か》える力《ちから》があるのです。脳《のう》を成長《せいちょう》させるためには、いちばんたいせつなものです。

この本《ほん》を書《か》いたきっかけは、わたし自身《じしん》の小学校生活《しょうがっこうせいかつ》の体験《たいけん》です。

小学《しょうがく》二《に》年生《ねんせい》のころ、わたしの国語《こくご》の成績《せいせき》は2でした。国語《こくご》の授業《じゅぎょう》がはじまって先生《せんせい》が

「教科書《きょうかしょ》をひらいてください」といってから、五分間《ふんかん》ぐらいは、きいていられるのですが、その後《あと》はもうダメ。教科書《きょうかしょ》に目《め》がいきはじめてから、十分《ぷん》もたたない間《あいだ》に、柱時計《はしらどけい》に目《め》がいき、早《はや》くおわらないかなと、カウントダウンがはじまっていました。文字《もじ》をみても頭《あたま》の中《なか》で、声《こえ》にだして音読《おんどく》するように、音《おと》をならして読《よ》むことができないので、本《ほん》を読《よ》もうとしても、読《よ》み進《すす》められず、ずっと目《め》をあけたまま同《おな》じ字面《じづら》をながめているだけなのです。

「ああー、のこり、二十七分《ふん》。まだ三分《ぷん》しかたってない、どうして、時計《とけい》は早《はや》く進《すす》まないのだろう？」などと考《かんが》えていました。

「わたしは、国語《こくご》がにがてなのだ」、そして、「もしかして、国語《こくご》がきらいなのかも」と、そのときは考《かんが》えていました。

しかし、その後《ご》医師《いし》となり、脳科学《のうかがく》の道《みち》に進《すす》んでから考《かんが》えなおすと、まったくちがっていたことがわかりました。

わたしは、国語《こくご》がきらいだったのではなく、文字《もじ》をきく力《ちから》と、きいたことを脳《のう》に残《のこ》しておく力《ちから》が弱《よわ》かったのです。

どんな人《ひと》にも、脳《のう》が発達《はったつ》し成長《せいちょう》するという、かぎりない可能性《かのうせい》があります。わたし自身《じしん》がそうであったように、脳《のう》は成長《せいちょう》します。

そして、脳《のう》の成長《せいちょう》の仕方《しかた》は、ひとりひとりちがっているのです。

学校《がっこう》の先生《せんせい》や同級生《どうきゅうせい》も、それぞれの顔《かお》がちがうように、性格《せいかく》やとくい、不《ふ》とくいもちがいます。

どうしてこんなに、個性《こせい》がちがうのでしょうか？

それはみんな、脳《のう》の形《かたち》がちがうからです。

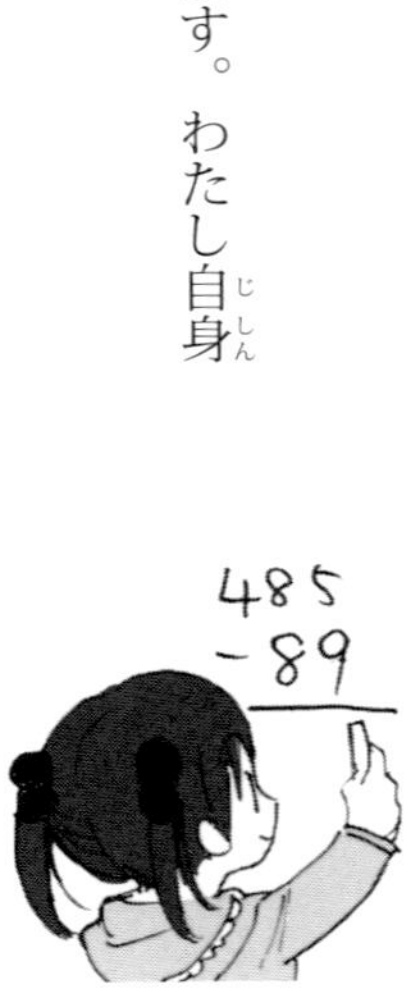

脳《のう》は、思考《しこう》や運動《うんどう》など、司《つかさど》るはたらきごとに、大《おお》きく8つの場所《ばしょ》に分《わ》けることができます。わたしはそれらを「脳番地（のうばんち）」と名《な》づけました。

脳番地《のうばんち》が成長《せいちょう》すると、脳《のう》の形《かたち》も、その人《ひと》の個性《こせい》も変《か》わります。この本《ほん》は、脳《のう》は「脳番《のうばん》地《ち》」ごとに成長《せいちょう》するという考《かんが》えにもとづいて、個性《こせい》がわかるように構成《こうせい》されています。

脳《のう》は、つかえばつかうほど成長《せいちょう》します。発達《はったつ》した脳《のう》の場所《ばしょ》をさらに育《そだ》てることで、長所《ちょうしょ》をのばすことができます。脳《のう》の未熟《みじゅく》な場所《ばしょ》もトレーニングで刺激《しげき》することによって、成長《せいちょう》して、にがてなことも改善《かいぜん》されていきます。

毎日脳《まいにちのう》が成長《せいちょう》することで長所《ちょうしょ》がのび、にがてがなくなります。

この「脳《のう》の小学校《しょうがっこう》」では、将来《しょうらい》の夢《ゆめ》をかなえるために、子《こ》どものころから正《ただ》しい脳《のう》の知《ち》識《しき》を学《まな》び、自分《じぶん》の脳《のう》を毎日成長《まいにちせいちょう》させていきます。

さて、これからわたしが校長先生《こうちょうせんせい》となって、みなさんに毎日脳《まいにちのう》が成長《せいちょう》する方法《ほうほう》をお話《はな》しします。

では、はじめましょう！

加藤《かとう》プラチナクリニック院長《いんちょう》　「脳《のう》の学校《がっこう》」代表《だいひょう》　昭和大学客員教授《しょうわだいがくきゃくいんきょうじゅ》

加藤《かとう》　俊徳《としのり》

もくじ

メンバー大集合《だいしゅうごう》!!

こうへいくん

遊《あそ》びでも勉強《べんきょう》でも、みんなをひっぱるリーダー。

せいやくん

いろんなことをよく知《し》っている物知《ものし》り博士《はかせ》。

あかりちゃん

わらいだしたら止《と》まらない、おしゃべり少女《しょうじょ》。

げんたくん

運動《うんどう》はにがてだけど、歌《うた》はとくいなまじめ少年《しょうねん》。

れおくん

絵《え》がうまくてかっこいい、おしゃれボーイです。

まいちゃん

動物《どうぶつ》がすきで、めんどうもみられるやさしい少女《しょうじょ》。

れいなちゃん

バイオリンの練《れん》習《しゅう》が大《だい》すきな音楽《おんがく》少女《しょうじょ》。

ゆきのちゃん

めだたないけど、みんなの心《こころ》をなごませてくれます。

「脳《のう》の小学校《しょうがっこう》」

ノウ・バンチ校長先生《こうちょうせんせい》

「脳《のう》は地球《ちきゅう》をすくう」が口《くち》ぐせの熱血校長《ねっけつこうちょう》。

ななみちゃん

図書委員《としょいいん》になることが多《おお》い、きれいずき少女《しょうじょ》。

ゆうとくん

外《そと》で遊《あそ》ぶのが大《だい》すきなサッカー少年《しょうねん》です。

ナイチンガール先生《せんせい》

ほかの人《ひと》のためにはたらくのがすき。

ヤルキアルデ先生《せんせい》

問題《もんだい》がむずかしいほどやる気《き》がでる数学《すうがく》の天才《てんさい》。

ベントーベン先生《せんせい》

ピアノがとくいで、作《さっ》曲《きょく》もできる音楽《おんがく》の天才《てんさい》。

ピカ先生《せんせい》

美《うつく》しさにびん感《かん》。絵《え》をかきはじめると食事《しょくじ》をわすれます。

ダサイ先生《せんせい》

本《ほん》が大《だい》すきで、読《よ》むのも書《か》くのもとくい。

ハチロー先生《せんせい》

運動《うんどう》はなんでもとくいなやさしいスポーツマン。

きみの脳《のう》は なにタイプ？

チェックしてみよう！！

- □ 楽器《がっき》をならっている
- □ よくガッツポーズをする
- □ ぞうきんがしっかりしぼれる
- □ お手《て》伝《つだ》いがすき
- □ カレンダーを毎日《まいにち》みる
- □ 外《そと》で遊《あそ》ぶのがすき
- □ 目標《もくひょう》や夢《ゆめ》がある
- □ 「めんどくさい」といわない

チェックがついたものがきみの脳《のう》のタイプと関係《かんけい》があるよ。
もっとくわしい診断《しんだん》や結果《けっか》が知《し》りたければこの本《ほん》の 40-41 ページへGO《ゴー》！
「にがて」を「とくい」に変《か》える方法《ほうほう》もいっぱい、のっているよ！

1

「脳《のう》の小学校《しょうがっこう》」へようこそ！

この小学校《しょうがっこう》は、みんなの脳《のう》を育《そだ》てる学校《がっこう》です。個性的《こせいてき》でおもしろい先生《せんせい》がいっぱい！子《こ》どもたちも元気《げんき》いっぱい！でも、あれ、だれかがこまってるみたい……。

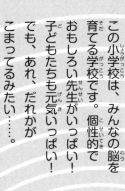

こまった！運動《うんどう》がにがてな げんたくん、こまってます！

ためいきついてたのはきみ？
相談《そうだん》にのるよ。
校長先生《こうちょうせんせい》!?
ウチの校長先生《こうちょうせんせい》って、ちょっと変《か》わってるんだよなー。
こっちおいで
へんな道具《どうぐ》もってるし。
ためいきを分《ぶん》せきしよう。
運動《うんどう》オンチ。でも楽器《がっき》はうまいんだ。
ハッキリいうな…
フムフム
楽器《がっき》は関係《かんけい》ないんでは…
いや、それがおおありなんじゃ。
ためいきキャッチャーふたたび反応《はんのう》!!
ピコーン
あ〜あ〜
あっちだ。
まいちゃんだ!!
あしたの発表《はっぴょう》どうしよう。
みんなの前《まえ》で話《はな》すなんて、
できない！どうしよう。
ハ〜…

こまったことの原因《げんいん》は、脳《のう》にあるんだ！

脳《のう》を育《そだ》てて、こまったことを解決《かいけつ》しよう！

げんたくんとまいちゃんの脳《のう》は、こうなっている！

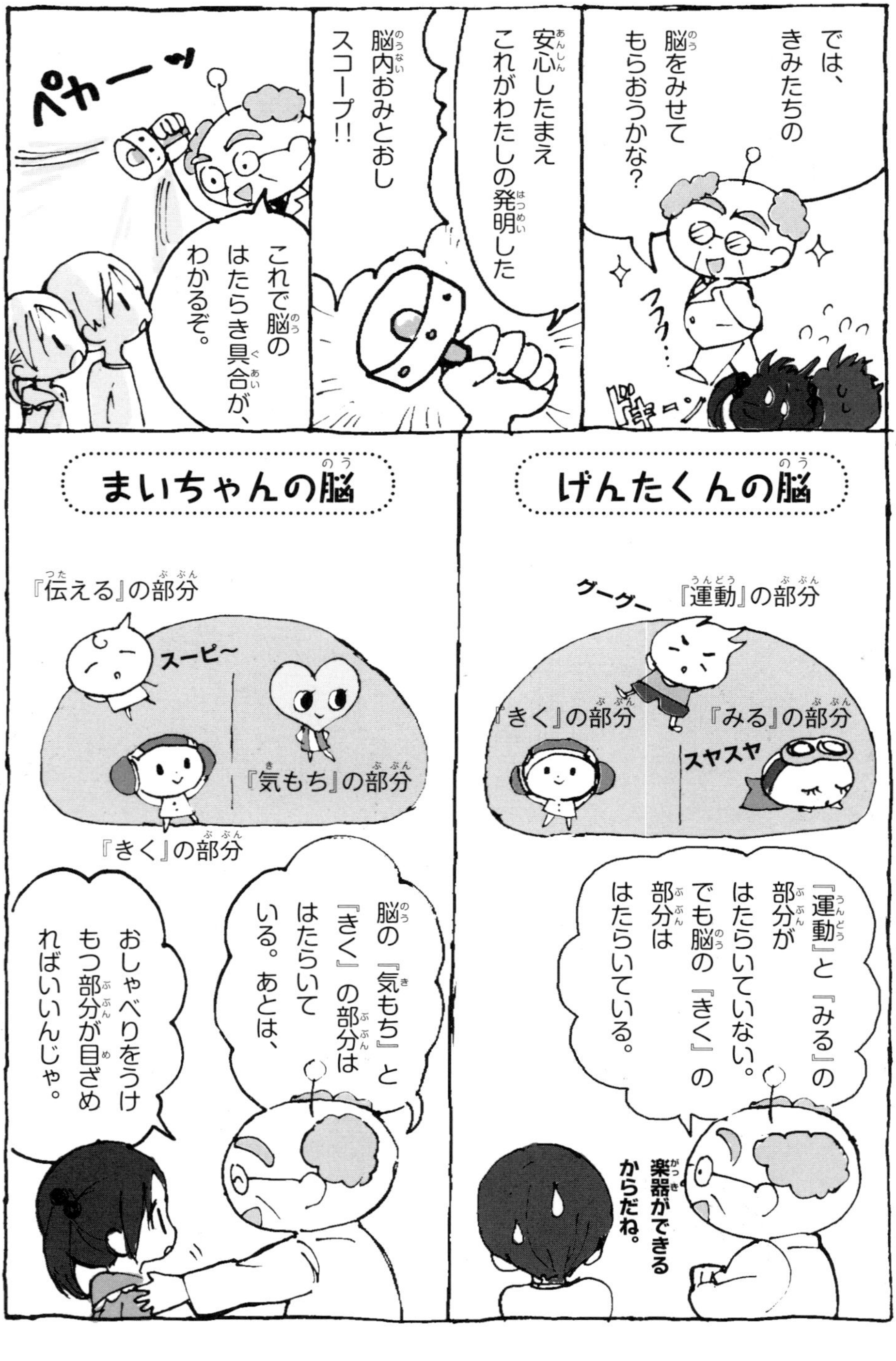

運動《うんどう》をうけもつ部分《ぶぶん》が、サボってるのはどうして?
ゲーム中《ちゅう》
…
〜
ふだんからあんまりはたらかせていないからだよ。
だからそこを刺激《しげき》して目《め》ざめさせると…。
おきて!!
う〜〜ん
からだをじょうずに動《うご》かせるようになるんだ。
パッチリ
よ〜しやるぞ!!
ホイ!!
スポーツでは、『みる』部分《ぶぶん》をはたらかせるのも、たいせつだよ。
外《そと》にでて、遠《とお》くをみるんだ。雲《くも》の形《かたち》をよくみるのがいいよ。
てきやボールの動《うご》きを『みる』部分《ぶぶん》
おしゃべりのにがてなまいちゃんは…。
『伝《つた》える』の部分《ぶぶん》をきたえよう。
声《こえ》をだす練習《れんしゅう》がたりないんじゃないかな?
相手《あいて》に『伝《つた》える』部分《ぶぶん》

きめる！

友《とも》だちの脳《のう》をチェック！

ものしりくん

せいやくん

『記《き》おく』の脳番地《のうばんち》
が強《つよ》い
もっと知《し》りたければ
117 ページへ

おしゃべり大《だい》すき

あかりちゃん

『伝《つた》える』の脳番地《のうばんち》
が強《つよ》い
もっと知《し》りたければ
87 ページへ

めんどうみのいい

ゆきのちゃん

『気《き》もち』の脳番地《のうばんち》
が強《つよ》い
もっと知《し》りたければ
57 ページへ

バイオリンがとくい

れいなちゃん

『きく』の脳番地《のうばんち》
が強《つよ》い
もっと知《し》りたければ
77 ページへ

性格《せいかく》やとくぎは脳《のう》が

かたづけがとくい

ななみちゃん

『理解《りかい》』の脳番地《のうばんち》
が強《つよ》い

もっと知《し》りたければ
107 ページへ

スポーツがとくい

ゆうとくん

『運動《うんどう》』の脳番地《のうばんち》
が強《つよ》い

もっと知《し》りたければ
97 ページへ

絵《え》がじょうず!

れおくん

『みる』の脳番地《のうばんち》
が強《つよ》い

もっと知《し》りたければ
67 ページへ

みんなのリーダー

こうへいくん

『考《かんが》える』の脳番地《のうばんち》
が強《つよ》い

もっと知《し》りたければ
47 ページへ

脳《のう》

国語《こくご》のたつ人《じん》

ダサイ先生《せんせい》

『考《かんが》える』の脳番地《のうばんち》

『記《き》おく』の脳番地《のうばんち》

作文《さくぶん》や読書《どくしょ》の天才《てんさい》。『考《かんが》える』力《ちから》と『記《き》おく』の部分《ぶぶん》がすぐれている。

にがて

方向《ほうこう》オンチでときどきまいごになる。

音楽《おんがく》の天才《てんさい》

ベントーベン先生《せんせい》

『きく』の脳番地《のうばんち》

ピアノなどの楽器《がっき》をすごい速《はや》さでひける。『きく』部分《ぶぶん》が発達《はったつ》。

にがて

整理整《せいりせい》とんはあまりできない。

体育《たいいく》はおまかせ！　ハチロー先生《せんせい》

『運動《うんどう》』の脳番地《のうばんち》

『みる』の脳番地《のうばんち》

サッカーも野球《やきゅう》もプロみたいにうまい。『運動《うんどう》』と『みる』力《ちから》が発達《はったつ》。

にがて

お金《かね》の計算《けいさん》はあまりとくいではない。

ここがスゴイ!! 先生《せんせい》たちの

算数《さんすう》マスター
ヤルキアルデ先生《せんせい》

『考《かんが》える』の脳番地《のうばんち》

むずかしい問題《もんだい》をすらすらといてしまう。『考《かんが》える』部分《ぶん》の力《ちから》がすごい。

にがて

人《ひと》づきあいはあまりうまくない。

保健室《ほけんしつ》の女神《めがみ》
ナイチンガール先生《せんせい》

『気《き》もち』の脳番地《のうばんち》

保健室《ほけんしつ》にきた子《こ》をみんな、元気《げんき》にする。『気《き》もち』の部分《ぶぶん》が発達《はったつ》している。

にがて

カラオケや音楽《おんがく》はにがて。

図工《ずこう》のたくみ
ピカ先生《せんせい》

『みる』の脳番地《のうばんち》

『気《き》もち』の脳番地《のうばんち》

ねんども絵《え》もばつぐんにうまい。『みる』力《ちから》と『気《き》もち』の部分《ぶぶん》がすごい。

にがて

予定《よてい》をたててもわすれることが多《おお》い。

げんたくんとまいちゃんの、将来《しょうらい》の夢《ゆめ》って?

げんたの 夢ビジョン
宇宙飛行士!
なるほど、げんたくんは宇宙《うちゅう》飛行士《ひこうし》か!
ボク星《ほし》をみるのがすきで
宇宙《うちゅう》にいってみたいんです!
やるね!
まいの 夢ビジョン
アフリカで
獣医さんに!
よしよし
まいちゃんは獣医《じゅうい》さんになりたいの!?
ワンダフル!!
大《だい》すきな動物《どうぶつ》を…
たすけるお仕事《しごと》がしてみたいです。
エヘ…

さあ、みんなもこの小学校《しょうがっこう》で脳《のう》を育《そだ》てよう！

2

脳《のう》を育《そだ》ててなりたい自分《じぶん》になろう！

まず、脳《のう》のひみつを学《まな》びましょう。
自分《じぶん》で自分《じぶん》の脳《のう》を育《そだ》てるコツも、
わかります。
さあ、夢《ゆめ》にむかって、
自分《じぶん》をしっかり育《そだ》てましょう！

脳《のう》のひみつ 1

十〜十二歳《さい》の脳《のう》は、これから大《おお》きく育《そだ》つ！

脳《のう》は、十八歳《さい》くらいまで大《おお》きくなります。十歳《さい》の脳《のう》の重《おも》さは約《やく》一二〇〇グラム。十八歳《さい》では約《やく》一三五〇グラム。ほんの一五〇グラムの差《さ》ですが、この差《さ》はすごく大《おお》きいのです。みんなの脳《のう》は、これから重《おも》さも質《しつ》も、大《おお》きく成長《せいちょう》します。

一五〇グラムはソフトボール一つ分《ぶん》ぐらいだよ。

重《おも》さもふえて、神経《しんけい》のつながりもふえる！

↓脳《のう》の画像《がぞう》です！（MRI《エムアールアイ》という機器《きき》で撮影《さつえい》）

3歳《さい》　　**11歳《さい》**

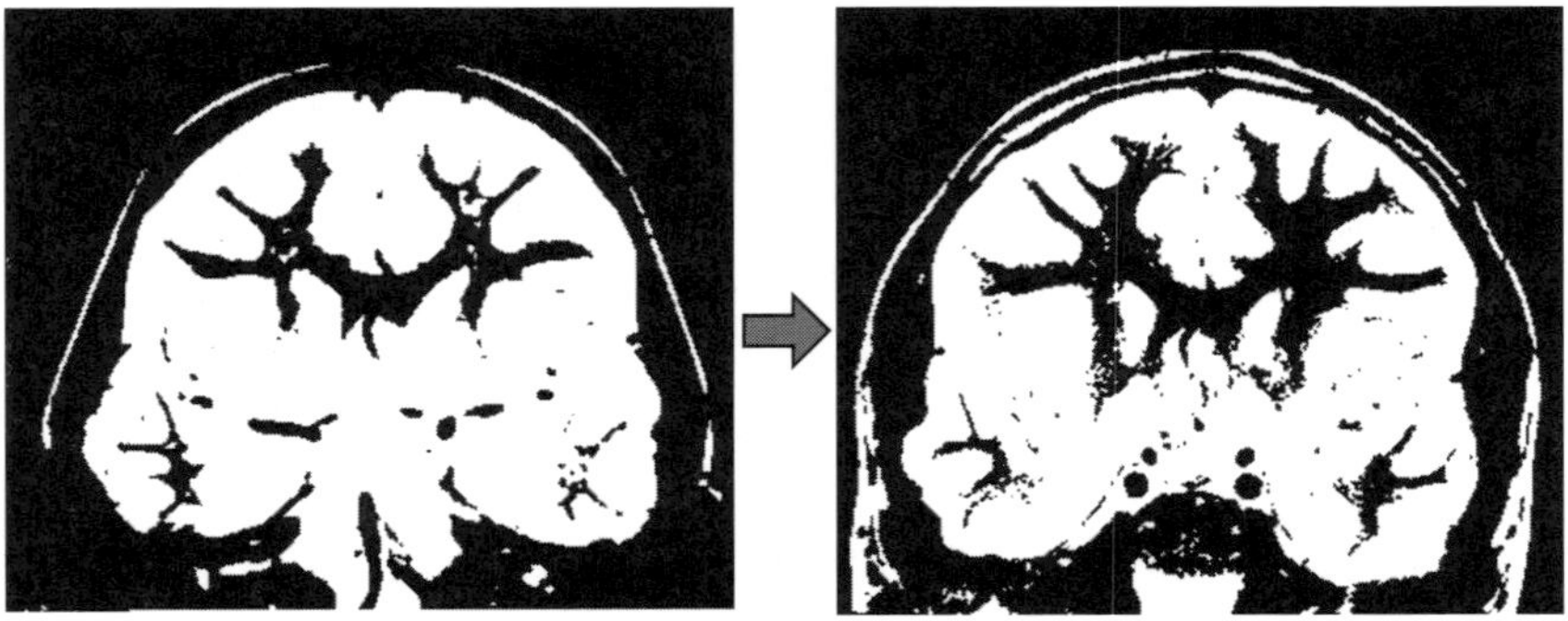

上《うえ》の画像《がぞう》は、同《おな》じ人《ひと》の3歳《さい》と11歳《さい》の脳《のう》です。黒《くろ》くみえる部分《ぶぶん》が、脳《のう》の神経繊維《しんけいせんい》（脳《のう》の枝《えだ》ぶり）。11歳《さい》の脳《のう》では、3歳《さい》の時《とき》よりも太《ふと》く成長《せいちょう》していることがわかります。これからもぐんぐん成長《せいちょう》します。

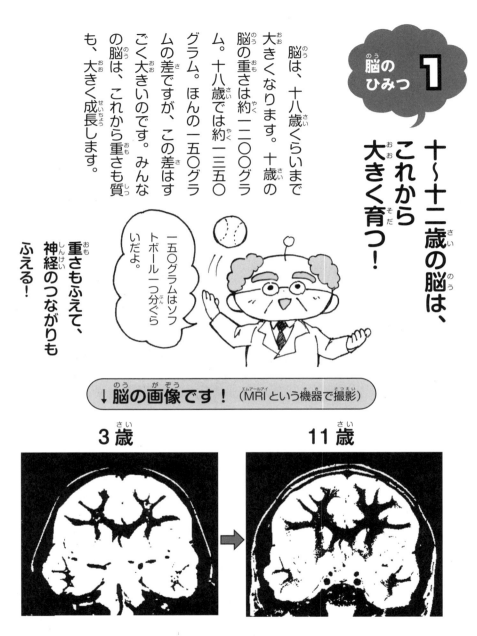

脳《のう》のひみつ 2

脳《のう》は、3つのたべもので育《そだ》つ!

木《き》が、水《みず》と栄養《えいよう》と光《ひかり》で育《そだ》つように、脳《のう》は、酸素《さんそ》と栄《えい》養《よう》と情報《じょうほう》で育《そだ》ちます。いちばんだいじなのは情報《じょうほう》。情《じょう》報《ほう》とは、脳《のう》にはいってくる刺激《しげき》や経験《けいけん》のことです。

いちばんの刺激《しげき》は、愛情《あいじょう》

赤《あか》ちゃんの脳《のう》は、まわりからの愛情《あいじょう》にこたえようとして、育《そだ》ちます。あたたかい声《こえ》かけやだっこなどに刺激《しげき》されることが必要《ひつよう》です。

脳《のう》のひみつ 3

脳《のう》の8つの場所《ばしょ》（脳番地《のうばんち》）が8つのはたらきを担当《たんとう》している！

8つの脳番地《のうばんち》と、そのはたらきだよ。

『運動《うんどう》』（運動系脳番地《うんどうけいのうばんち》）

頭《あたま》のてっぺんにある

からだを動《うご》かすはたらきをしています。走《はし》る・けるなどの大《おお》きい動《うご》きと、文字《もじ》を書《か》く・しゃべるなどの小《ちい》さい動《うご》きも担当《たんとう》。

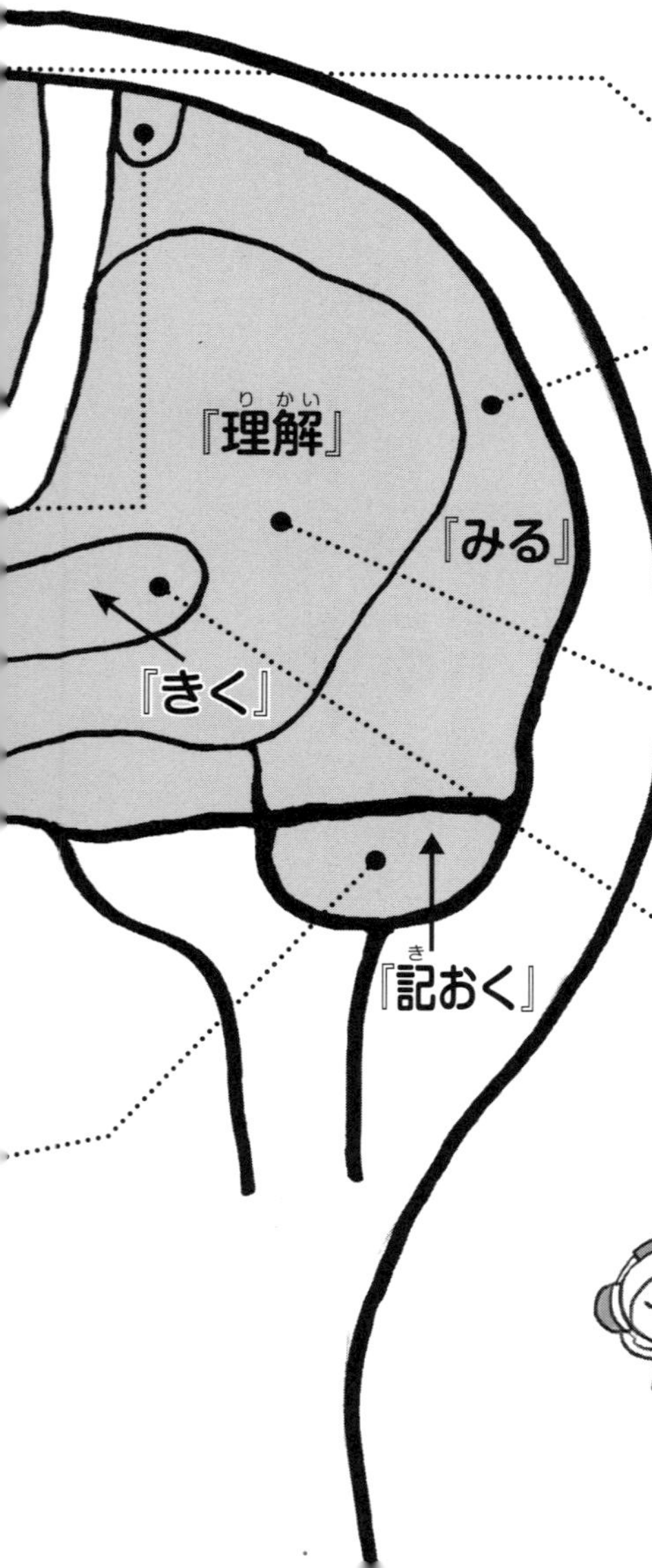
『理解《りかい》』
『みる』
『きく』
『記《き》おく』

『みる』（視覚系脳番地《しかくけいのうばんち》）

頭《あたま》のいちばん後《うし》ろと、『運動《うんどう》』の前《まえ》の2か所《しょ》

みるはたらきをします。後《うし》ろの部分《ぶぶん》は、ふつうにみるときにつかい、前《まえ》の部分《ぶぶん》は、よくみるときにつかいます。

『理解《りかい》』（理解系脳番地《りかいけいのうばんち》）

『きく』と『みる』の間《あいだ》

みたりきいたりしたことを整理《せいり》して、理解《りかい》するはたらきをします。「わかった！」と思《おも》う部分《ぶぶん》です。

『きく』（聴覚系脳番地《ちょうかくけいのうばんち》）

両耳《りょうみみ》のすぐ上《うえ》にある

ことばをきくはたらきと、音楽《おんがく》やほかの音《おと》をきくはたらきをしています。

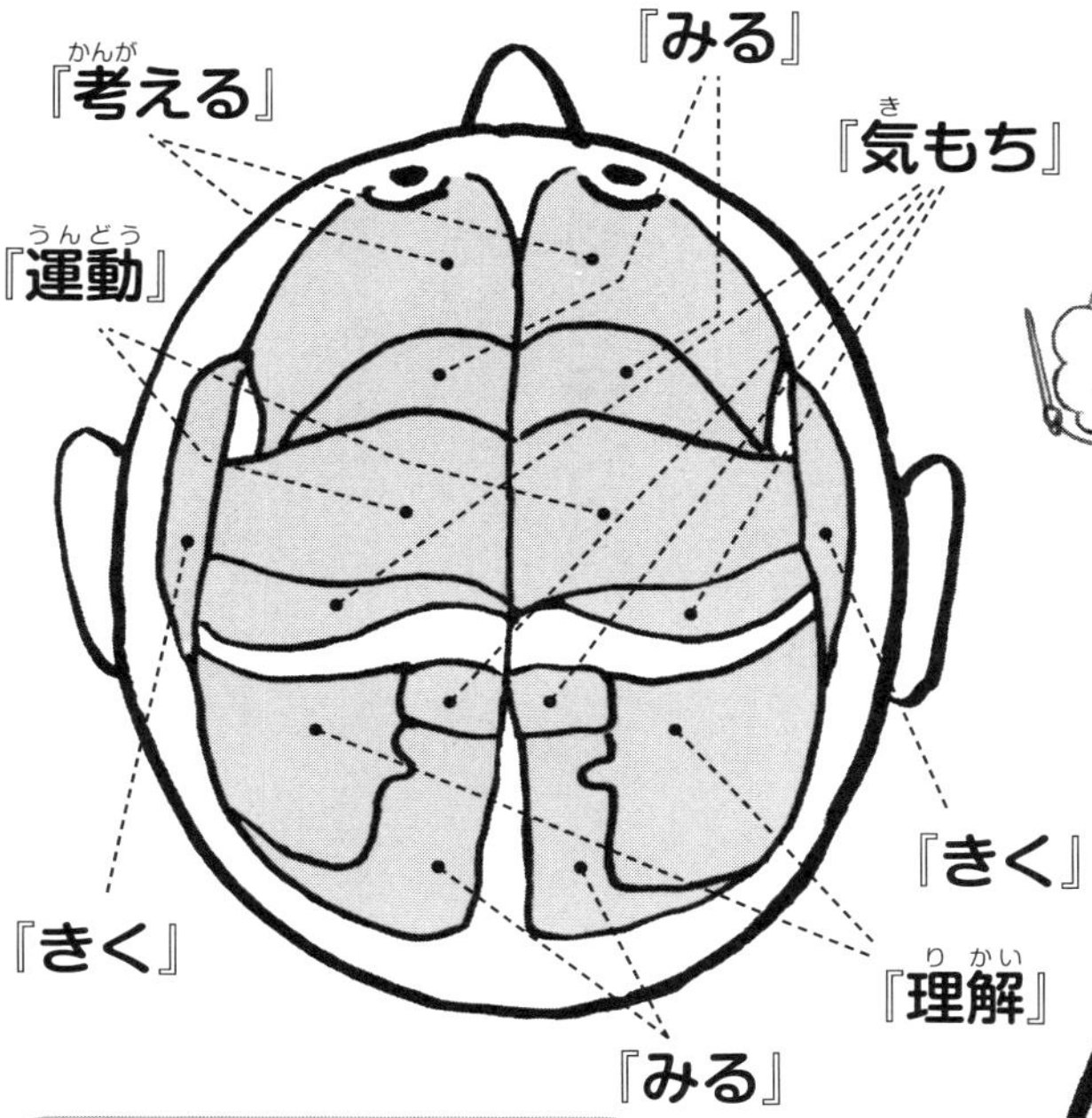

『考《かんが》える』（思考系脳番地《しこうけいのうばんち》）

頭《あたま》のいちばん前《まえ》、おでこのすぐ後《うし》ろ

考《かんが》える・決《き》める・ものをつくるなどのはたらきをします。集中力《しゅうちゅうりょく》を高《たか》めるのもこのはたらきです。

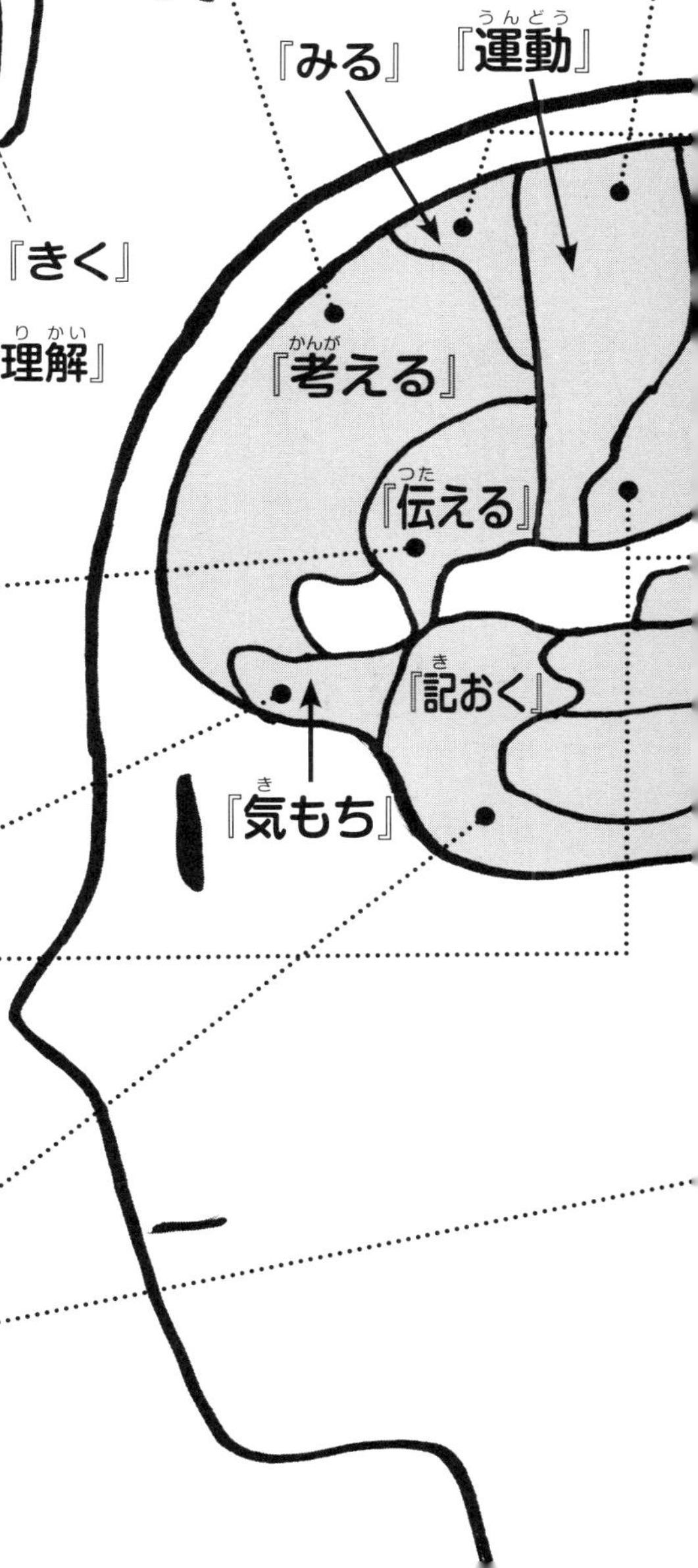

『伝《つた》える』（伝達系脳番地《でんたつけいのうばんち》）

『考《かんが》える』のすぐ後《うし》ろ

ほかの人《ひと》にいろいろなことを伝《つた》えるはたらきをしています。ことばとジェスチャーなどを担当《たんとう》します。

『気《き》もち』（感情系脳番地《かんじょうけいのうばんち》）

『考《かんが》える』のすぐ下《した》や『運動《うんどう》』の後《うし》ろ

相手《あいて》の気《き》もちを感《かん》じることと、わらう・なく・おこるなどの自分《じぶん》の気《き》もちをあらわすはたらきをしています。

『記《き》おく』（記憶系脳番地《きおくけいのうばんち》）

目《め》の後《うし》ろで脳《のう》の下《した》のほう

おぼえるはたらきと思《おも》いだすはたらきをします。できごとを記《き》おくしたり、動《うご》きを記《き》おくしたりします。

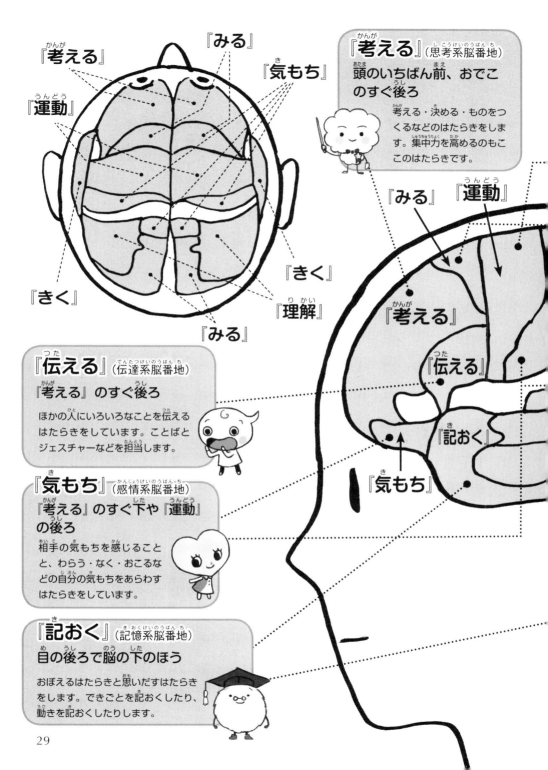

脳《のう》のひみつ 4

脳《のう》の左半分《ひだりはんぶん》はことばを担当《たんとう》、右半分《みぎはんぶん》はイメージを担当《たんとう》！

脳《のう》は右半分《みぎはんぶん》と左半分《ひだりはんぶん》で、はたらきがちがいます。小《ちい》さいときは右側《みぎがわ》のはたらきが強《つよ》く、しだいに左側《ひだりがわ》が強《つよ》くなってきます。十歳《さい》のころに、子《こ》どもの脳《のう》からおとなの脳《のう》に、かわりはじめるのです。

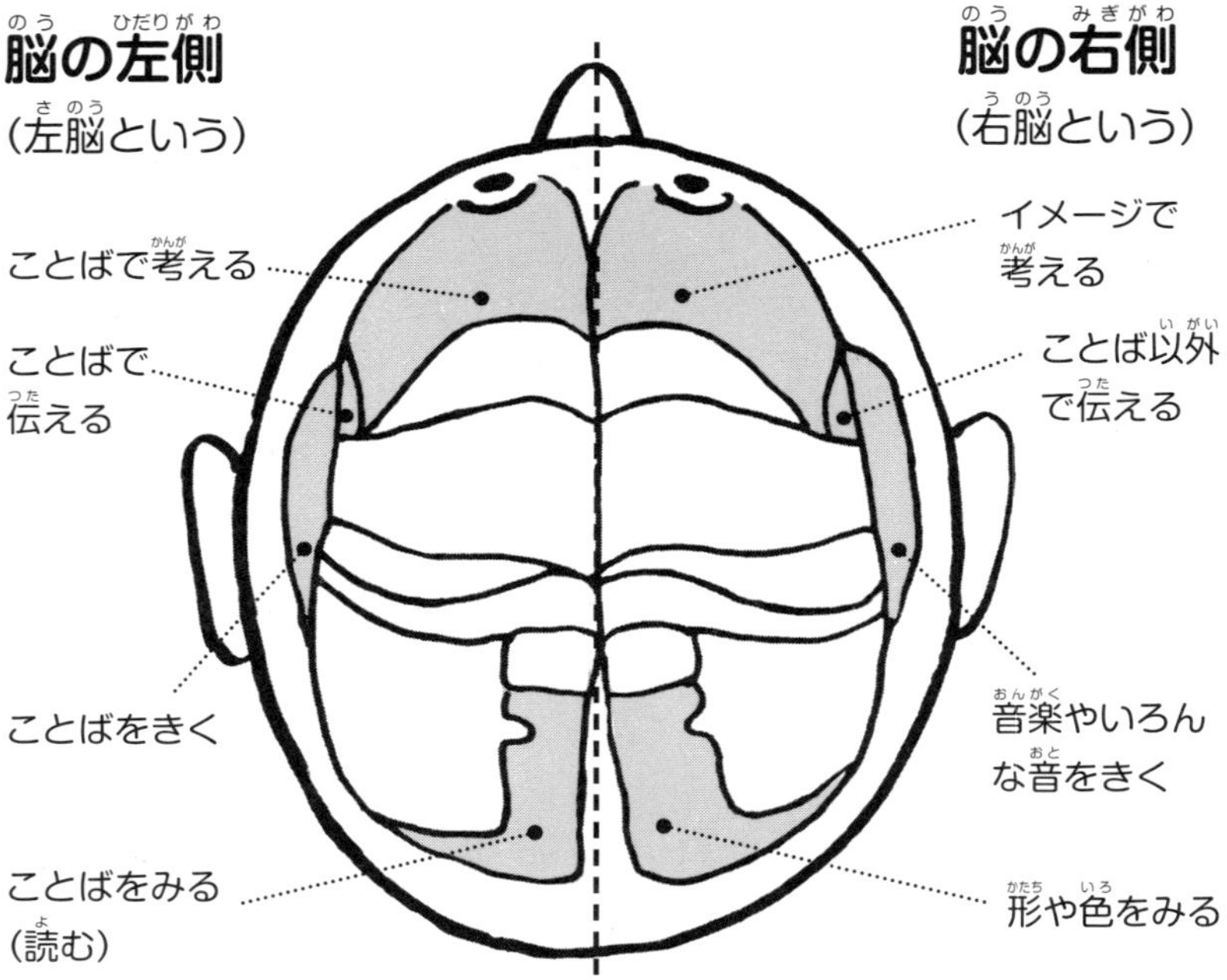
脳《のう》の左側《ひだりがわ》
(左脳《さのう》という)
ことばで考《かんが》える
ことばで伝《つた》える
ことばをきく
ことばをみる(読《よ》む)
脳《のう》の右側《みぎがわ》
(右脳《うのう》という)
イメージで考《かんが》える
ことば以外《いがい》で伝《つた》える
音楽《おんがく》やいろんな音《おと》をきく
形《かたち》や色《いろ》をみる

左手《ひだりて》をつかうと、脳《のう》の右側《みぎがわ》が発達《はったつ》する！

右《みぎ》ききの人《ひと》は、左脳《さのう》が発達《はったつ》しやすくなります。左《ひだり》ききの人《ひと》は右脳《うのう》が発達《はったつ》しやすくなります。ですから、右手《みぎて》も左手《ひだりて》もつかって、脳全体《のうぜんたい》を発達《はったつ》させましょう。

脳《のう》のひみつ 5

脳番地《のうばんち》は、つながっている！

8つの脳番地《のうばんち》は、協力《きょうりょく》してはたらきます。きいて理《り》解《かい》したり、みてからだを動《うご》かしたりというように、なにかをするときには、かならず、いくつかの脳番地《のうばんち》が、連動《れんどう》してはたらきます。下《した》は読書《どくしょ》のときの例《れい》です。

2つのことを同時《どうじ》にすると、すごくいい刺激《しげき》に！

相手《あいて》をめがけて
ボールをなげる

『みる』と『運動《うんどう》』の脳番地《のうばんち》
を刺激《しげき》できます。

先生《せんせい》の話《はなし》をききながら
ノートを書《か》く

『きく』と『運動《うんどう》』と『みる』
の脳番地《のうばんち》を刺激《しげき》できます。

校長《こうちょう》直伝《じきでん》!!

その1

脳《のう》を育《そだ》てる3つのコツ！

たった3つ！　今《いま》すぐできる脳育《のうそだ》てのコツを伝授《でんじゅ》！

話《はなし》をさいごまできき、くりかえせるようにする

学校《がっこう》でも家《いえ》でも、さいごまで相手《あいて》の話《はなし》をきくようにしましょう。そして、きいたことを、そのままくりかえして話《はな》せるようにしましょう。脳《のう》がどんどん発達《はったつ》します。

頭《あたま》がよくなる　まほうの方法《ほうほう》

きくことがうまくなると、脳《のう》への情報《じょうほう》がふえます。そして、正確《せいかく》にほかの人《ひと》に伝《つた》えられるようになると、脳《のう》はしっかり育《そだ》ち、成績《せいせき》もよくなるのです。

その2 いわれたことは、すぐにやってみる

脳《のう》が「いやだな」と思《おも》う前《まえ》に、からだを動《うご》かすようにしましょう。とにかくはじめてみます。からだを動《うご》かすと、脳《のう》が動《うご》きだして、先《さき》にすすめます。

「うじうじ」はやめよう

あとまわしにして、なにもしないで、うじうじしているのが、脳《のう》にいちばんよくありません。はたらきにくくなるくせが、脳《のう》につきます。

その3

あとかたづけをする

遊《あそ》びでも勉強《べんきょう》でも、さいごのかたづけまでやることがたいせつです。『理解《りかい》』の脳番《のうばん》地《ち》と同時《どうじ》に、『記《き》おく』の脳《のう》番地《ばんち》が育《そだ》ちます。

たとえば、絵《え》をかきおわったら、スケッチブックはつくえの上《うえ》に、絵《え》の具《ぐ》はひきだしに。やりっぱなしは、脳《のう》によくありません。

絵《え》の具《ぐ》はこっち。
スケッチブックはここ。

反省《はんせい》するのもいい！

遊《あそ》び道具《どうぐ》などをかたづけるときに、「今日《きょう》はうまくいったな」とか「あそこで失敗《しっぱい》した」とかふりかえるのも、『記《き》おく』と『理解《りかい》』の脳番地《のうばんち》を育《そだ》てます。

Nooooo!!

脳《のう》の成長《せいちょう》を止《と》める、これやっちゃダメ！

3つのNG《エヌジー》

やっちゃダメ 1 「めんどくさい」

めんどくさがっているのは、脳《のう》。「めんどくさい」と声《こえ》でいうと、脳《のう》は止《と》まって、動《うご》かなくなってしまいます。

脳《のう》を止《と》めないようにするために、「めんどくさい」はぜったいに、いわないようにしましょう。

ピタ
ピタ
ドタ
めんどくせ〜！
ドタ
ドタ

別《べつ》のことばで、いおう

「めんどくさい」とはいわないで、別《べつ》のことばでいうようにしましょう。考《かんが》えている間《あいだ》に、やるべきことがわかってきます。すぐにからだを動《うご》かすのもオーケー。

うまくできそうもないけど……。
今《いま》はちょっと手《て》がはなせないんだ。

やっちゃダメ 2
「夜《よ》ふかしして、朝《あさ》おきられない」

できるだけ同《おな》じ時間《じかん》にねて、同《おな》じ時間《じかん》におきましょう。朝《あさ》元気《げんき》におきられると、その日《ひ》は元気《げんき》な一日《にち》になります。朝日《あさひ》をあび、元気《げんき》に「おはよう！」とあいさつをしましょう。朝《あさ》、ペットと遊《あそ》ぶなどの楽《たの》しいことをするのもオーケーです。

ねる前《まえ》のテレビやゲームはやめよう！

ねる直前《ちょくぜん》に楽《たの》しいことをすると、脳《のう》が活発《かっぱつ》に動《うご》いて、ねむりにくくなります。ねる２時間前《じかんまえ》には、ゲームやテレビはおわりにしましょう。

やっちゃダメ 3

「あしたの用意《ようい》をしないでねる！」

夜《よる》ねる前《まえ》に、カバンの中《なか》にあしたの用意《ようい》をいれるのは、『考《かんが》える』の脳番地《のうばんち》と『記《き》おく』の脳番地《のうばんち》をきたえるのに、とても役《やく》にたちます。「あしたは、どうなるんだろう？」と考《かんが》えるのも効果《こうか》があります。

え〜っと、あしたは国語《こくご》と理科《りか》…。
体操服《たいそうふく》ももっていかなくちゃ…。

先《さき》のことを考《かんが》える くせをつけよう！

「あしたは？」「来週《らいしゅう》は？」と、先《さき》のことを考《かんが》えるくせができると、考《かんが》える力《ちから》がつきます。高学年《こうがくねん》のみんなは、これから、この『考《かんが》える』の脳番地《のうばんち》がぐんとのびます。がんばって、育《そだ》てましょう！

いくぞ〜!!

とつぜんですが、給食《きゅうしょく》の時間《じかん》です♪

きみたち、
いいことに気《き》がついたね！
バーン！
きき手《て》と脳《のう》にはふか～い関係《かんけい》がある。
右脳《うのう》
左手《ひだりて》
左手《ひだりて》は右脳《うのう》と右手《みぎて》は左脳《さのう》とつながっているんだ。
右《みぎ》ききのまいちゃんやげんたくんは左脳《さのう》が発達《はったつ》、
左《ひだり》ききのゆうとくんは右脳《うのう》が発達《はったつ》してるぞ。
だが、両手《りょうて》を同《おな》じようにつかうことができれば、
左右《さゆう》の脳《のう》をバランスよく育《そだ》てられる!!
これぞ…
脳《のう》の小学校《しょうがっこう》の新常識《しんじょうしき》
ババーン!!
右《みぎ》ききの人《ひと》は左手《ひだりて》を、左《ひだり》ききの人は右手《みぎて》を、つかってみよう！
頭《あたま》がぐんぐんよくなるぞ。
こんなかんじー
パパ
パパパ
パパ
すごい早《はや》ワザ…。
しかもカンペキ。
校長のキライなグリンピース

チェック!

下《した》の質問《しつもん》であてはまるものに☑チェックしてね。

⑬ 友《とも》だちと、よくおしゃべりをする □

⑭ 授業《じゅぎょう》で手《て》をあげて発言《はつげん》する □

⑮ よくガッツポーズをする □

⑯ 両手《りょうて》が同《おな》じようにつかえる □

⑰ ドッジボールが、とくい □

⑱ ぞうきんが、しっかりしぼれる □

⑲ お手伝《てつだ》いがすき □

⑳ 部屋《へや》をきれいにしている □

㉑ ニュース番組《ばんぐみ》をみて、内容《ないよう》がわかる □

㉒ カレンダーを毎日《まいにち》みる □

㉓ 学校《がっこう》の話《はなし》を家《いえ》の人《ひと》によく話《はな》す □

㉔ 小《ちい》さいころのことをよく思《おも》いだす □

やってみよう！

脳《のう》タイプ

きみの脳《のう》タイプを診断《しんだん》するよ！

① 食《た》べたいものが、すぐに決《き》まる ☐

② 少《すこ》し知《し》ると、もっと知《し》りたくなる ☐

③ 目標《もくひょう》や夢《ゆめ》がある ☐

④ 友《とも》だちとなかよくできる ☐

⑤「めんどくさい」といわない ☐

⑥ テレビをみていてなくことがある ☐

⑦ 外《そと》で遊《あそ》ぶのがすき ☐

⑧ 図書館《としょかん》や本屋《ほんや》へよくいく ☐

⑨ 映画《えいが》やビデオをよくみる ☐

⑩ 授業中《じゅぎょうちゅう》によそみはしない ☐

⑪ 楽器《がっき》を、ならっている ☐

⑫ 遠《とお》くからよばれても、すぐ気《き》がつく ☐

脳《のう》タイプ！

チェックが2こ以上《いじょう》ついたものが、きみの脳《のう》のタイプだよ。きみの脳《のう》タイプはどれ？

⑬⑭⑮に☑が2こ以上《いじょう》ある人《ひと》

➡『伝《つた》える』脳《のう》タイプ

みんなとなかよくするのがすき。発表《はっぴょう》のときでも、アガリません。

あかりちゃん

ここをきたえたい人《ひと》は94ページへ。

⑯⑰⑱に☑が2こ以上《いじょう》ある人《ひと》

➡『運動《うんどう》』脳《のう》タイプ

いろいろなことにチャレンジできる行動的《こうどうてき》な人《ひと》。手先《てさき》がきよう。

ここをきたえたい人《ひと》は104ページへ。

ゆうとくん

⑲⑳㉑に☑が2こ以上《いじょう》ある人《ひと》

➡『理解《りかい》』脳《のう》タイプ

みたりきいたりしたことを整理《せいり》して、役《やく》にたてるのがとくい。

ここをきたえたい人《ひと》は114ページへ。

ななみちゃん

㉒㉓㉔に☑が2こ以上《いじょう》ある人《ひと》

➡『記《き》おく』脳《のう》タイプ

おぼえるのがとくい。すきなことでは、博士《はかせ》みたいにものしり。

ここをきたえたい人《ひと》は124ページへ。

せいやくん

校長《こうちょう》がズバリ！ 診断《しんだん》

コレがきみの

①②③に☑が2こ以上《いじょう》ある人《ひと》

→『考《かんが》える』脳《のう》タイプ

自分《じぶん》からいろんなことをする人《ひと》。集中力《しゅうちゅうりょく》があってピンチにも強《つよ》い。

ここをきたえたい人《ひと》は54ページへ。

こうへいくん

④⑤⑥に☑が2こ以上《いじょう》ある人《ひと》

→『気《き》もち』脳《のう》タイプ

思《おも》いやりがあり、やさしい心《こころ》のもちぬし。人《ひと》をよろこばせるのもすき。

ここをきたえたい人《ひと》は64ページへ。

ゆきのちゃん

⑦⑧⑨に☑が2こ以上《いじょう》ある人《ひと》

→『みる』脳《のう》タイプ

みたり、観察《かんさつ》したりするのがとくいです。アイデアを考《かんが》えるのも、じょうず。

れおくん

ここをきたえたい人《ひと》は74ページへ。

⑩⑪⑫に☑が2こ以上《いじょう》ある人《ひと》

→『きく』脳《のう》タイプ

人《ひと》の話《はなし》や音楽《おんがく》をきくのがとくい。わすれものが少《すく》なく、約束《やくそく》もまもれます。

ここをきたえたい人《ひと》は84ページへ。

れいなちゃん

校長先生《こうちょうせんせい》のひみつ大公開《だいこうかい》!!

アンテナ

全校児童《ぜんこうじどう》のいろいろななやみをキャッチする、感度《かんど》ばつぐんのアンテナ。

校長脳《こうちょうのう》

児童《じどう》への熱《あつ》い思《おも》いがつまっている。ときどきとりだして洗《あら》うよ。

校長《こうちょう》マウス

脳《のう》について熱《あつ》くかたりだすととまらない。

校長《こうちょう》ハンド

右手《みぎて》も左手《ひだりて》も、まったく同《おな》じようにつかうことができる。

校長先生《こうちょうせんせい》のおもしろメカ

夢《ゆめ》ビジョン

このパーツを頭《あたま》にそうちゃくする。

画面《がめん》に将来《しょうらい》の夢《ゆめ》がうつしだされる。

ひそかに思《おも》っている将来《しょうらい》の夢《ゆめ》や希望《きぼう》を、大画面《だいがめん》にうつしだすマシン。→ 22 ページ

ためいきキャッチャー

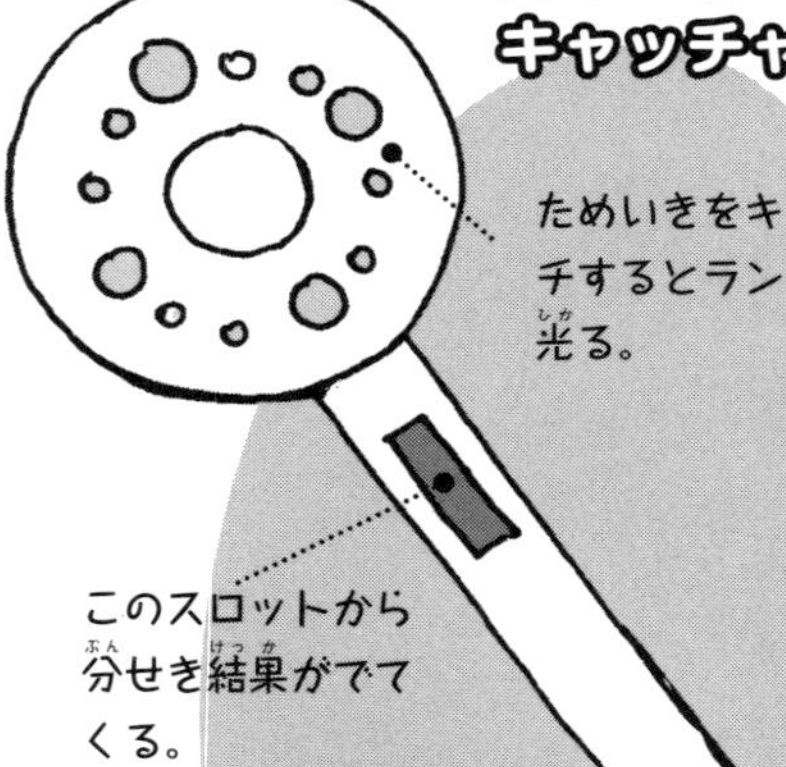

ためいきをキャッチするとランプが光《ひか》る。

このスロットから分《ぶん》せき結果《けっか》がでてくる。

児童《じどう》がなやんでためいきをつくと、音《おと》と光《ひかり》でしらせる。ためいきの原因《げんいん》を分《ぶん》せきして、プリントアウトできる。→ 12 ページ

脳内《のうない》おみとおしスコープ

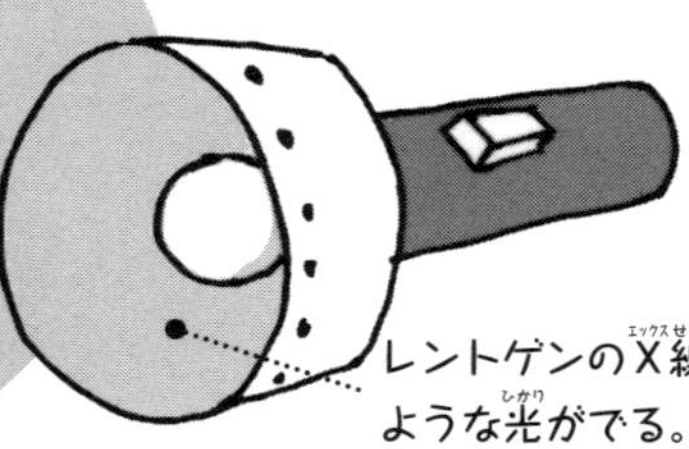

とくしゅなライトで頭《あたま》をてらすと、脳番地《のうばんち》のはたらき具合《ぐあい》をみることができる。→ 16 ページ

レントゲンのX線《エックスせん》のような光《ひかり》がでる。

3

脳番地《のうばんち》トレーニング大全集《だいぜんしゅう》

8つの脳番地《のうばんち》を育《そだ》てる方法《ほうほう》がいっぱいです！

少《すこ》しのくふうと、おもしろ問題《もんだい》で、にがてを攻略《こうりゃく》したり、とくいをのばしたりできます。

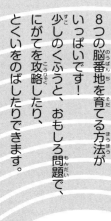

きみの脳《のう》でも大《だい》かつやく！

8つの脳《のう》番《ばん》地《ち》キャラクター

8つの脳番地《のうばんち》を案内《あんない》するキャラクターたちです。キャラたちの声《こえ》をきいてね。

『きく』の脳番地《のうばんち》

みみりん

今《いま》もいろいろな音《おと》が
きこえますよー。
きみには、なにが
きこえるのかな～？

『伝《つた》える』の脳番地《のうばんち》

でんでん

きょう、
家《いえ》をでるとき、
「いってきます」と
いったよ！

『考《かんが》える』の脳番地《のうばんち》

しんくん

ハーイ、集中《しゅうちゅう》！
ぼくをきみの
おでこのあたりで
感《かん》じてください。

『運動《うんどう》』の脳番地《のうばんち》

きんぞう

ぼくたちの生活《せいかつ》は
運動《うんどう》する場面《ばめん》が
いっぱい。
お手伝《てつだ》いも
がんばろう！

『気《き》もち』の脳番地《のうばんち》

こころ

気《き》もちって、
いろいろなものに
こめられるの。
みえないけどね。

『理解《りかい》する』の脳番地《のうばんち》

わかっぴ

わかったときには、
ウキウキが
止《と》まらないよー！

『みる』の脳番地《のうばんち》

ルックシー

同《おな》じものをみても、
人《ひと》によってみえ方《かた》が
ちがう…って、
ファンタスティック
じゃな～い？

『記《き》おく』の脳番地《のうばんち》

カイバン教授《きょうじゅ》

教《おそ》わったり、
しらべたり、
記《き》おくのひきだしは、
宝箱《たからばこ》でございますぞ。

『考《かんが》える』の脳番地《のうばんち》をきたえると、
自分《じぶん》の考《かんが》えをつくれるようになるよ。
なりたい自分《じぶん》をめざして、いくぞー！
しんくん
『考《かんが》える』の脳番地《のうばんち》
レッツ ゴー！

①『考《かんが》える』の脳番地《のうばんち》

ここをきたえると、決断力《けつだんりょく》や計画性《けいかくせい》が、みにつく!!

『考《かんが》える』の脳《のう》番《ばん》地《ち》がはたらかないと、ぼーっとしているね。

○自分《じぶん》からすすんでやる

○やる気《き》がある

○先《さき》のことも考《かんが》えられる

○集中力《しゅうちゅうりょく》がある

●他人《たにん》からいわれてやる

●やる気《き》がない

●今《いま》のことしか考《かんが》えられない

●いつもダラダラしていて集中力《しゅうちゅうりょく》がない

どの仕事《しごと》も、これからのことを考《かんが》える職業《しょくぎょう》だね。

『考《かんが》える』の脳番地《のうばんち》のはたらきが強《つよ》いのは、こんな仕事《しごと》の人《ひと》

野球《やきゅう》のかんとく

野球《やきゅう》のほか、サッカーや映画《えいが》のかんとくも、先《さき》のことややりたいことを考《かんが》えています。

会社《かいしゃ》の経営者《けいえいしゃ》

会社《かいしゃ》を経営《けいえい》する人《ひと》は、世《よ》の中《なか》の動《うご》きをよく考《かんが》えています。

政治家《せいじか》

政治家《せいじか》は、世《よ》の中《なか》をよくするために、法律《ほうりつ》をつくったりします。

将棋《しょうぎ》の棋士《きし》

どうすれば勝《か》てるかを、いつも考《かんが》えています。『囲碁《いご》』の棋士《きし》も同《おな》じ。

トレーダー

お金《かね》を、日本《にほん》のお金《かね》から外国《がいこく》のお金《かね》にかえたりして、利益《りえき》をあげる仕事《しごと》。経済《けいざい》の動《うご》きをよく考《かんが》えます。

うちの学校《がっこう》で『考《かんが》える』の脳番地《のうばんち》がすぐれているのは…。
ヤルキアルデ先生《せんせい》かな。
算数がとくい
ヤルキアルデ先生《せんせい》は、集中力《しゅうちゅうりょく》がものすごい！
う〜ん
ブツブツ…
そして、
決《き》めた！
決断力《けつだんりょく》もものすごい！
ガターン!!
びくっ
なにを決《き》めたんですか先生《せんせい》？
いえね、今日《きょう》の夕飯《ゆうはん》をなににするかあらゆる観点《かんてん》から考察《こうさつ》して…。
ベストな結論《けつろん》をだしたのです。今日《きょう》はギョーザ!!
あ〜スッキリした
ナルホド…
『考《かんが》える』の脳番地《のうばんち》はいろんなときに活《かつ》やくするとても重要《じゅうよう》な脳番地《のうばんち》なんだ。
ちなみにヤルキアルデ先生《せんせい》3日《か》に一度《いちど》はギョーザなんだけどね…。
んま〜

『考《かんが》える』の脳番地《のうばんち》って？

脳全体《のうぜんたい》をひっぱるリーダーだ！

『考《かんが》える』の脳番地《のうばんち》は、ほかの脳番地《のうばんち》に命令《めいれい》をだして、いろいろな活動《かつどう》のコントロールをしています。自分《じぶん》で考《かんが》えて自分《じぶん》で行動《こうどう》するようにすると、ここが育《そだ》ちます。

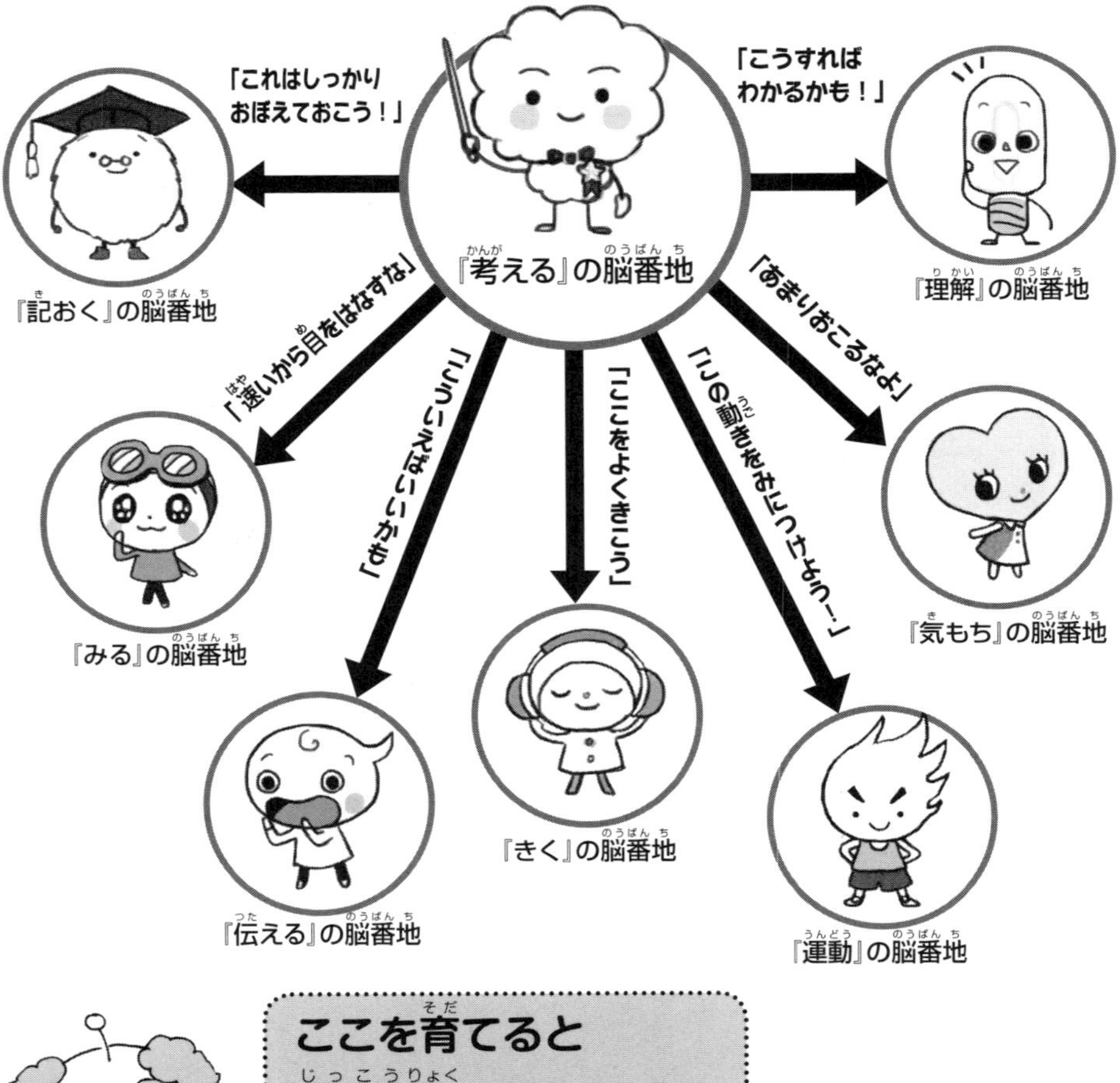

ここを育《そだ》てると
実行力《じっこうりょく》がつく！

自分《じぶん》で決《き》めるようにすると、最後《さいご》までできるようになります。

にがてを
攻略《こうりゃく》❶

「わたし、決《き》められないんです！」

決《き》められないのは、『考《かんが》える』の脳番《のうばん》地《ち》のはたらきが弱《よわ》いから。この脳番地《のうばんち》は、10歳《さい》くらいからグーンとのびます。これから育《そだ》てましょう。下《した》の方法《ほうほう》も役《やく》にたちます。

やってみよう①

ひとりじゃんけん

○自分《じぶん》の右手《みぎて》と左手《ひだりて》でじゃんけんをします。はじめは右手《みぎて》を3回勝《かいか》たせ、つぎに左手《ひだりて》を3回勝《かいか》たせます。

○決《き》めることをくりかえすので、決《き》める練習《れんしゅう》になります。

やってみよう②

たって考《かんが》える

○すわらずに、たって考《かんが》えます。

○たつことで、脳《のう》の動《うご》きがよくなり、決《き》めやすくなります。少《すこ》しあるくのもいいでしょう。

『考《かんが》える』の脳《のう》番《ばん》地《ち》トレーニングルーム

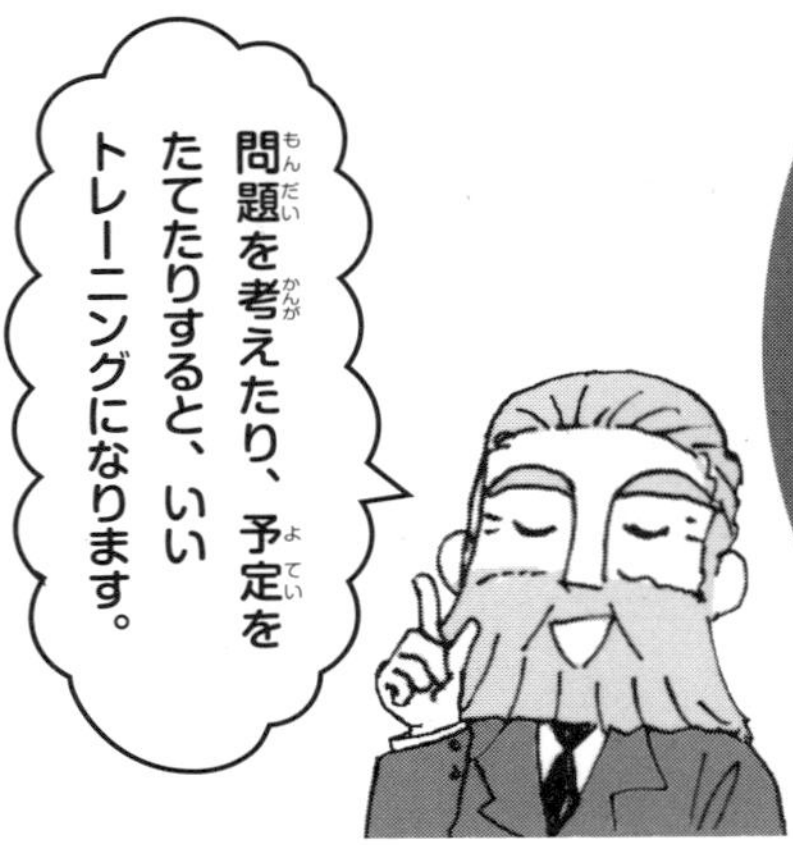

問題《もんだい》を考《かんが》えたり、予定《よてい》をたてたりすると、いいトレーニングになります。

1 計算《けいさん》クイズ

4つの数字《すうじ》の間《あいだ》に＋－÷×のどれかを入《い》れて、
答《こた》えが10になるようにしよう。
（計算《けいさん》は左《ひだり》から順《じゅん》にすることとします。）

① 8 □ 6 □ 3 □ 5 ＝ 10

② 8 □ 2 □ 5 □ 2 ＝ 10

③ 3 □ 3 □ 3 □ 5 ＝ 10

2 あなうめ漢字《かんじ》パズル

まん中《なか》の□に漢字《かんじ》を入《い》れて、たて、よこ４つの二字熟語《にじじゅくご》をつくろう。

①

	学	
登		庭
	歌	

②

	先	
一		命
	活	

③

	大	
星		想
	中	

④

	図	
細		業
	作	

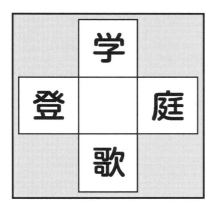

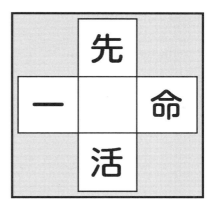

3 今日《きょう》の目標《もくひょう》を書《か》こう

朝《あさ》、おきたら、今日《きょう》の目標《もくひょう》を考《かんが》えて、20字《じ》以内《いない》で書《か》いてみよう。

4 自然《しぜん》にふれよう

外《そと》にでて、太陽《たいよう》の光《ひかり》や風《かぜ》を感《かん》じよう。
鳥《とり》や虫《むし》の声《こえ》をきいたり、
海《うみ》や空《そら》をながめたり
してみよう。

★54～55ページのこたえ

1
① 8 − 6 + 3 + 5
② 8 ÷ 2 × 5 ÷ 2
③ (3 + 3) ÷ 3 × 5

2

①

	学	
登	校	庭
	歌	

②

	先	
一	生	命
	活	

③

	大	
星	空	想
	中	

④

	図	
細	工	業
	作	

『気《き》もち』の脳番地《のうばんち》

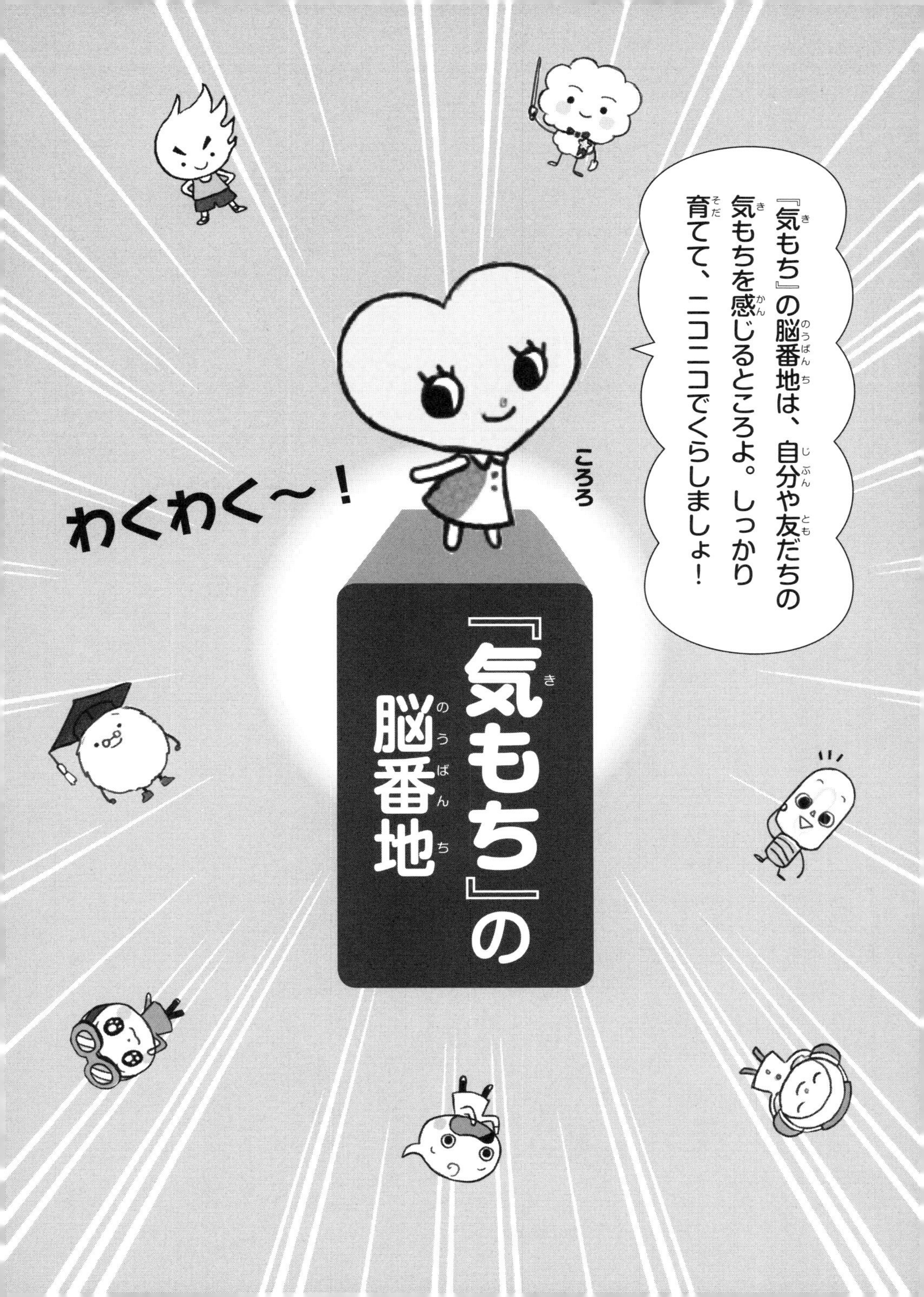
『気《き》もち』の脳番地《のうばんち》は、自分《じぶん》や友《とも》だちの気《き》もちを感《かん》じるところよ。しっかり育《そだ》てて、ニコニコでくらしましょ！
こころ
わくわく〜！

②『気《き》もち』の脳《のう》番《ばん》地《ち》

ここをきたえると、わくわくする気《き》もちややさしさが、みにつく!!

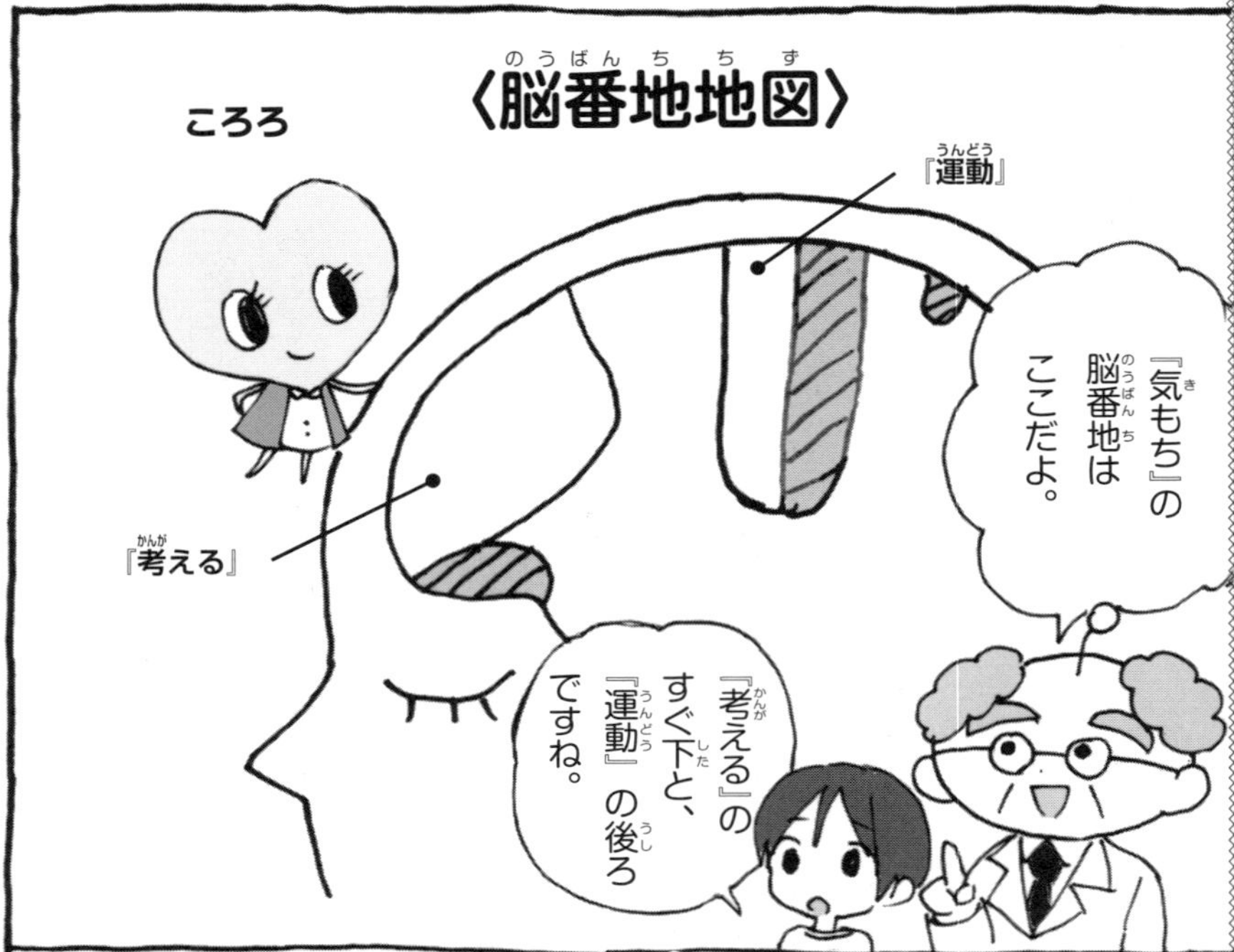

『気《き》もち』の脳《のう》番《ばん》地《ち》がはたらかないと、楽《たの》しくなさそうだね。

◯ほかの人《ひと》の気《き》もちがわかる
◯やさしい気《き》もちでいられる
◯テレビをみて、わらったりないたりする
◯ほとんどイライラしない
◯めんどくさいとはあまり思《おも》わない

●ほかの人《ひと》の気《き》もちがわからない
●すぐにおこりだす
●テレビをみてもわらわない、なかない
●イライラすることが多《おお》い
●いろいろなことがめんどくさい

どの仕事《しごと》も、気《き》もちをたいせつにする職業《しょくぎょう》だね。

『気《き》もち』の脳番地《のうばんち》のはたらきが強《つよ》いのは、こんな仕事《しごと》の人《ひと》

今日《きょう》は具合《ぐあい》がよさそうだわ、よかった。

看護師《かんごし》

看護師《かんごし》は、患者《かんじゃ》の様子《ようす》や気《き》もちをよく感《かん》じて、世話《せわ》をします。

この人物《じんぶつ》は、すごくかなしかったんだな。ならば、こう演《えん》じよう。
台本

俳優《はいゆう》

テレビや映画《えいが》にでる俳優《はいゆう》やタレントは、役《やく》を演《えん》じるときにここをはたらかせます。

だいぶ疲《つか》れているようだ。水《みず》をおもちしよう。

キャビンアテンダント

せまい飛行機《ひこうき》の中《なか》で乗客《じょうきゃく》の世話《せわ》をする仕事《しごと》。乗客《じょうきゃく》の気《き》もちを読《よ》みとる力《ちから》が必要《ひつよう》。

よしよし、おなかがすいたのね。ごはんにしましょ。

保育士《ほいくし》

保育士《ほいくし》は、話《はなし》のできない小《ちい》さい子《こ》の、気《き》もちを考《かんが》えて世話《せわ》をしています。

このお客様《きゃくさま》には、このへやをすすめてみよう。

ホテルマン

ホテルにくるお客《きゃく》の心《こころ》の中《なか》をいつも想像《そうぞう》して、この脳《のう》番地《ばんち》をつかっています。

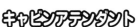

『気《き》もち』の脳番地《のうばんち》がはたらく人《ひと》は…
表情ゆたか
人の気もちがわかる
わが校《こう》では保健室《ほけんしつ》のナイチンガール先生《せんせい》がイチバンだな。
わたしがスカウトしたのだ。
あらダサイ先生《せんせい》、なにかいいことがありました?
わかりますか?いやじつは…。
ハチロー先生《せんせい》、なにかおこまりですか?
イヤー、まいりましたじつは…。
わたしだってわたしだって…、ナイチンガール先生《せんせい》に声《こえ》かけてもらいたーい!
いやされたい…
なやみをきいて…
って、順番《じゅんばん》まちですかー。
保健室《ほけんしつ》
最後尾《さいこうび》
ズラ〜

『気《き》もち』の脳番地《のうばんち》って？

「相手《あいて》の気《き》もちを感《かん》じる」と「自分《じぶん》の気《き》もちをつくりだす」という、2つのはたらきをしている

『気《き》もち』の脳番地《のうばんち》は相手《あいて》の「気《き》もちを感《かん》じる」だけでなく、「自分《じぶん》の気《き》もちをつくりだす」はたらきもしています。相手《あいて》を思《おも》いやるときや、「ありがとう」というときに動《うご》くはたらきで、脳《のう》の深《ふか》いところにあります。

☆自分《じぶん》の気《き》もちをつくりだす

☆気《き》もちを感《かん》じる

ここを育《そだ》てると
親友《しんゆう》ができる！

ほかの人《ひと》のことを自分《じぶん》のことのように感《かん》じられ、いちばんの友《とも》だちができます。

にがてを
攻略《こうりゃく》2

「毎日《まいにち》がつまらない！」

毎日《まいにち》がつまらないのは、『気《き》もち』の脳《のう》番地《ばんち》のはたらきが弱《よわ》くて、うれしいときに、うれしさがしっかり感《かん》じられていないからです。ちょっとオーバーによろこぶようにしましょう。下《した》の方法《ほうほう》も役《やく》にたちます。

やってみよう1

わくわくさがし

○うれしくてわくわくしたことを、ノートに書《か》いておきます。どんな小《ちい》さなことでもオーケー。

○あとで読《よ》みかえすと、気《き》もちがよくなり、毎日《まいにち》が楽《たの》しくなります。

やってみよう2

肩《かた》もみをする

○お父《とう》さんやお母《かあ》さん、そしておとしよりの肩《かた》をもみます。気《き》もちよくなるようにもんであげましょう。

○からだにさわりながら、その人《ひと》の気《き》もちを感《かん》じることになり、気《き》もちの脳番地《のうばんち》が強《つよ》く刺激《しげき》されます。

『気《き》もち』の脳《のう》番《ばん》地《ち》トレーニングルーム

ほかの人《ひと》の気《き》もちを想像《そうぞう》したり、楽《たの》しいことを思《おも》いだしたりするのがすごくいいのよ。

1 セリフを考《かんが》えよう！

下《した》の絵《え》をみて、フキダシの中《なか》にどんなことばがはいるかを考《かんが》えよう。絵《え》の中《なか》の人《ひと》の気《き》もちになってね。

2 ドラマごっこ

下《した》の絵《え》は、ドラマの場面《ばめん》。ドラマの中《なか》の人《ひと》になりきって、気《き》もちをこめてセリフをいってね。

友《とも》だちから誕生日《たんじょうび》プレゼントをいっぱいもらっちゃった。よろこんでいるよ。

足《あし》にケガをして、サッカーの試合《しあい》にでられないゆうとくんを、あかりちゃんがなぐさめているよ。

すごく気《き》もちのいい朝《あさ》。朝日《あさひ》にむかい、あいさつをしているよ。

3 ほめノートを作《つく》ろう

自分《じぶん》で自分《じぶん》をほめたいと思《おも》ったことを書《か》いておくノートを作《つく》ろう。「おそうじをがんばった」「おとしよりに道《みち》を教《おし》えてあげた」など、なんでもオーケー。自分《じぶん》に自信《じしん》がもてるよ。

4 楽《たの》しかったことベスト10を決《き》める

小《ちい》さいころから、これまでにあった楽《たの》しかったことを10こだして、順番《じゅんばん》をつけよう。ときどき思《おも》いだすといいよ。

『みる』の脳《のう》番《ばん》地《ち》

みているのに気《き》づかない人《ひと》は、ご用心《ようじん》。よくみれば、楽《たの》しいことがみつかるわ。しっかりみてね！
ルックシー
す・ご・い！

③『みる』の脳番地《のうばんち》

ここをきたえると、絵《え》や運動《うんどう》が、うまくなる。

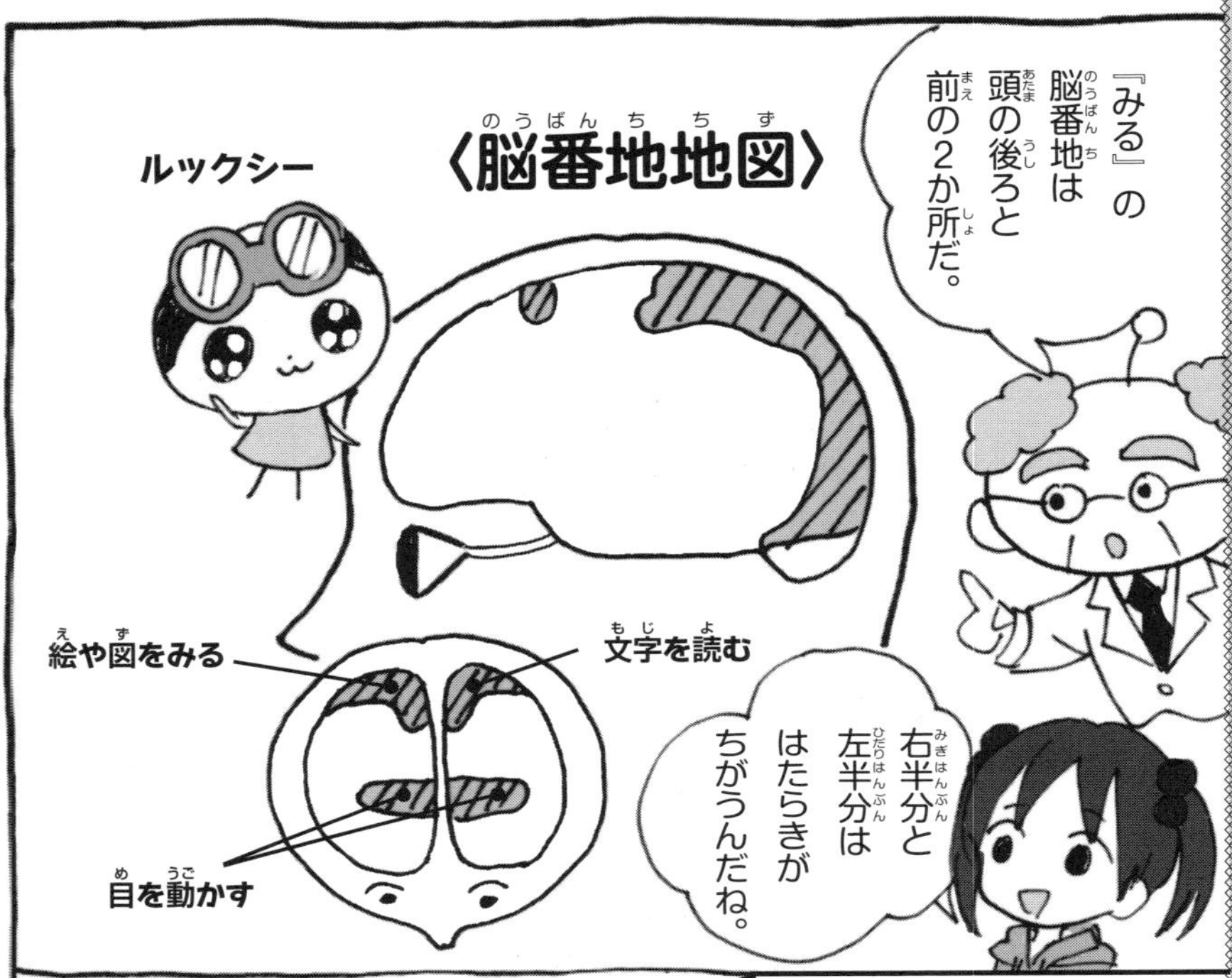
〈脳番地地図《のうばんちちず》〉
ルックシー
『みる』の脳番地《のうばんち》は頭《あたま》の後《うし》ろと前《まえ》の2か所《しょ》だ。
絵《え》や図《ず》をみる
文字《もじ》を読《よ》む
目《め》を動《うご》かす
右半分《みぎはんぶん》と左半分《ひだりはんぶん》ははたらきがちがうんだね。

『みる』の脳番地《のうばんち》が活《かつ》やくするのはこんなとき！
自分《じぶん》のくつをみつけるとき
観察《かんさつ》をするとき
ものの動《うご》きをとらえるとき

みる力《ちから》が弱《よわ》いと、いろいろなことを知《し》るチャンスがへりそうだね。

○ほかの人《ひと》にぶつかることはない

○まちがいさがしはとくい

○空《そら》や星《ほし》をみるのはすき

○絵《え》をかくのはとくい

○写真《しゃしん》をとるのがすき

●ほかの人《ひと》にぶつかることがある

●まちがいさがしなどのパズルがにがて

●空《そら》や星《ほし》をみるのは興味《きょうみ》がない

●絵《え》をかくのはにがて

●写真《しゃしん》には興味《きょうみ》がない

どの仕事《しごと》も、みる力《ちから》が活《かつ》やくしているね。

『みる』の脳番地《のうばんち》のはたらきが強《つよ》いのは、こんな仕事《しごと》の人《ひと》

画家《がか》

画家《がか》やデザイナーは、色《いろ》や形《かたち》でものの魅力《みりょく》を表現《ひょうげん》します。この脳番地《のうばんち》がフル回転《かいてん》。

カメラマン

カメラマンは、写《うつ》すものの魅力《みりょく》をどう伝《つた》えるかを考《かんが》え、よくみます。

鑑定家《かんていか》

鑑定家《かんていか》は、物《もの》の値打《ねう》ちをみぬきます。本物《ほんもの》をたくさんみて、みる力《ちから》をきたえています。

建築家《けんちくか》

ビルや家《いえ》を建《た》てる建築家《けんちくか》も、色《いろ》や形《かたち》の感覚《かんかく》が重要《じゅうよう》。みる力《ちから》がすぐれています。

パティシエ

パティシエは味《あじ》にもびん感《かん》ですが、みる力《ちから》もすごくはたらかせています。

図工《ずこう》のピカ先生《せんせい》…
ゲージュツはバクハツダー!!!
『みる』の脳番地《のうばんち》のはたらきがすばらしい。
そのするどい観察力《かんさつりょく》でたくさんの名作《めいさく》をえがいてきた。
ピカ先生《せんせい》のお気《き》に入《い》りのモデルが…
ナイチンガール先生《せんせい》!!
先生《せんせい》、またモデルをおねがいできますか?
ハイ、よろこんで!
んっ?
先生《せんせい》…すこーし太《ふと》りました?
ヤケ食《ぐ》い?
図星《ずぼし》
ほっといてちょーだい!
すみませーん。

『みる』の脳番地《のうばんち》って？

「よくみる」力《ちから》をきたえよう！

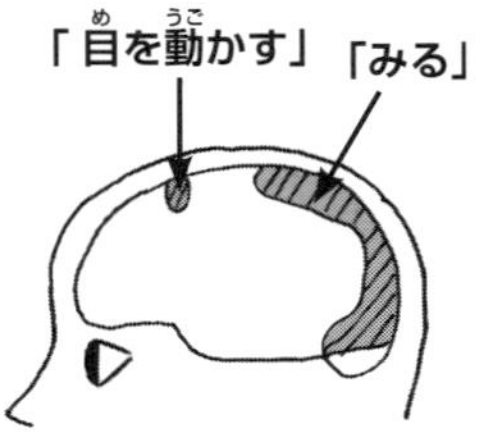

「目《め》を動《うご》かす」
「みる」

ふつうに「みる」ときは、脳《のう》の後《うし》ろのほうをつかいます。「目《め》を動《うご》かして、よくみる」ときは、脳《のう》の真《ま》ん中《なか》から少《すこ》し前《まえ》の部分《ぶぶん》をつかいます。動《うご》いているボールをみたり、読書《どくしょ》や絵《え》をかくときにつかうのも、この前《まえ》の部分《ぶぶん》です。きたえると、勉強《べんきょう》も運動《うんどう》もできるようになります。

☆天気《てんき》を知《し》りたいときにみる
雨雲《あまぐも》はこないな！
☆ボールをうつときにみる
きれいだこの色《いろ》。
☆絵《え》をかくときにみる
あら
よくみないと…。

ここを育《そだ》てると
発想力《はっそうりょく》が豊《ゆた》かになる！

いろいろな情報《じょうほう》に気《き》づけて、いろいろな発想《はっそう》ができるようになります。

にがてを攻略《こうりゃく》❸

「本《ほん》を読《よ》むのがにがて」

本《ほん》を読《よ》むのがにがてな人《ひと》は、『みる』の脳《のう》番地《ばんち》と『理解《りかい》』の脳番地《のうばんち》のはたらきが弱《よわ》いのです。下《した》の方法《ほうほう》で『みる』力《ちから》をきたえましょう。文字《もじ》を読《よ》むのがにがてな場合《ばあい》は、まんがとか図鑑《ずかん》を読《よ》むことも、いい練習《れんしゅう》になります。

やってみよう①

目《め》と手《て》をつかって遊《あそ》ぶ

○けん玉《だま》やお手玉《てだま》などで、目《め》と手《て》をつかって遊《あそ》びます。

○動《うご》きをみる力《ちから》がきたえられ、同時《どうじ》に『運動《うんどう》』の脳番地《のうばんち》も刺激《しげき》され、効果《こうか》が高《たか》まります。

やってみよう②

背《せ》すじをのばす

○本《ほん》を読《よ》むときに、背《せ》すじをのばすと、みえるはんいが広《ひろ》がり、『みる』の脳番地《のうばんち》が元気《げんき》になります。

○下《した》の図《ず》のように、背中《せなか》の左右《さゆう》の肩《けん》甲骨《こうこつ》をよせるようにして、背《せ》すじをのばしましょう。

『みる』の脳番地《のうばんち》トレーニングルーム

1 目力《めぢから》アップクイズ

3人《にん》の中《なか》で、魚《さかな》をつりあげたのはだれかな？
指《ゆび》をつかわず、目《め》でつり糸《いと》をたどってみよう。

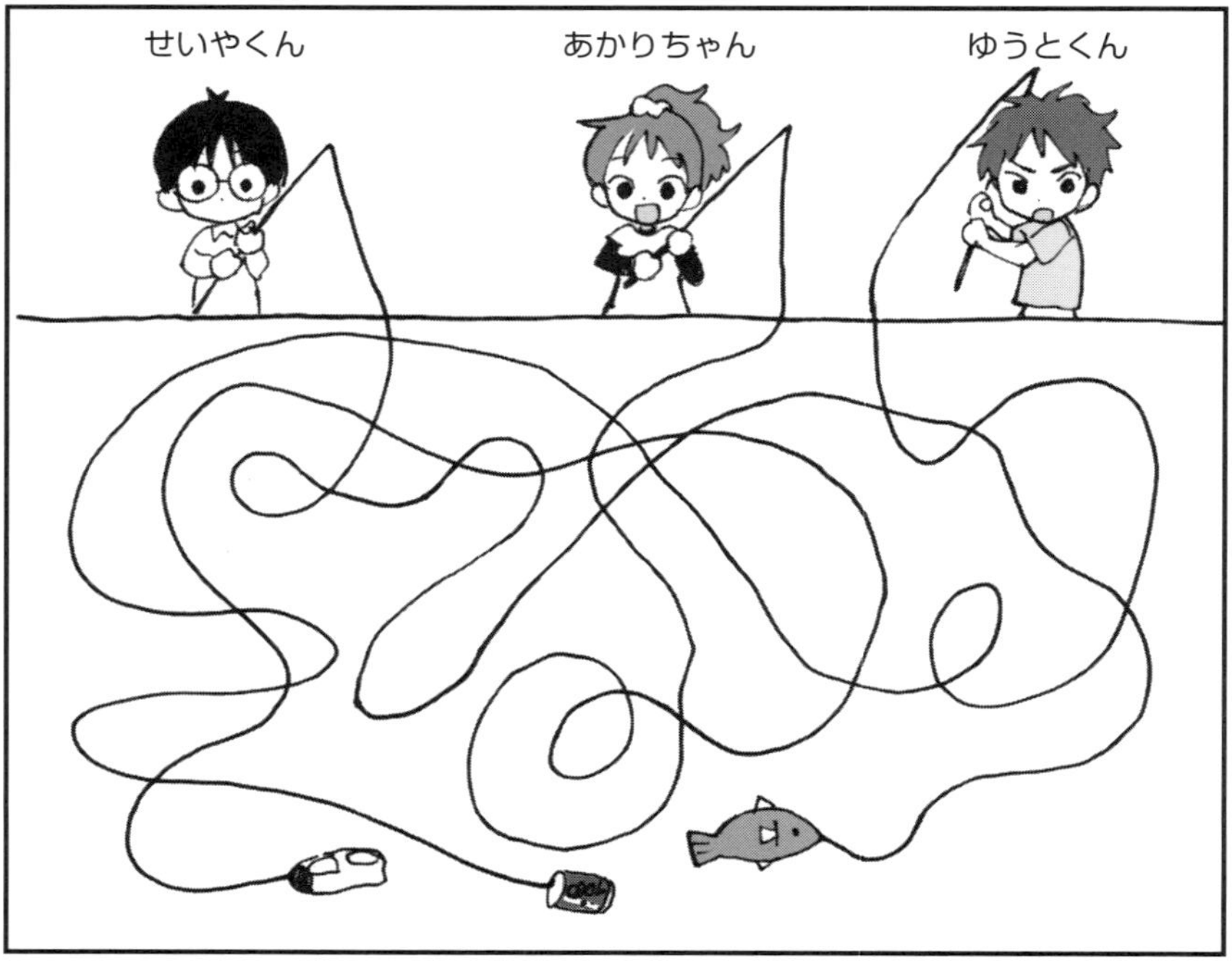

2 まちがいさがし

下《した》の２つの絵《え》には、ちがっているところが５つあるよ。みつけられるかな？

3 数字《すうじ》の5をみつける

電車《でんしゃ》やバスのまどから外《そと》をみて、けしきの中《なか》から数字《すうじ》の5をみつけよう。マルや三角形《さんかくけい》をみつけるのもオーケー。

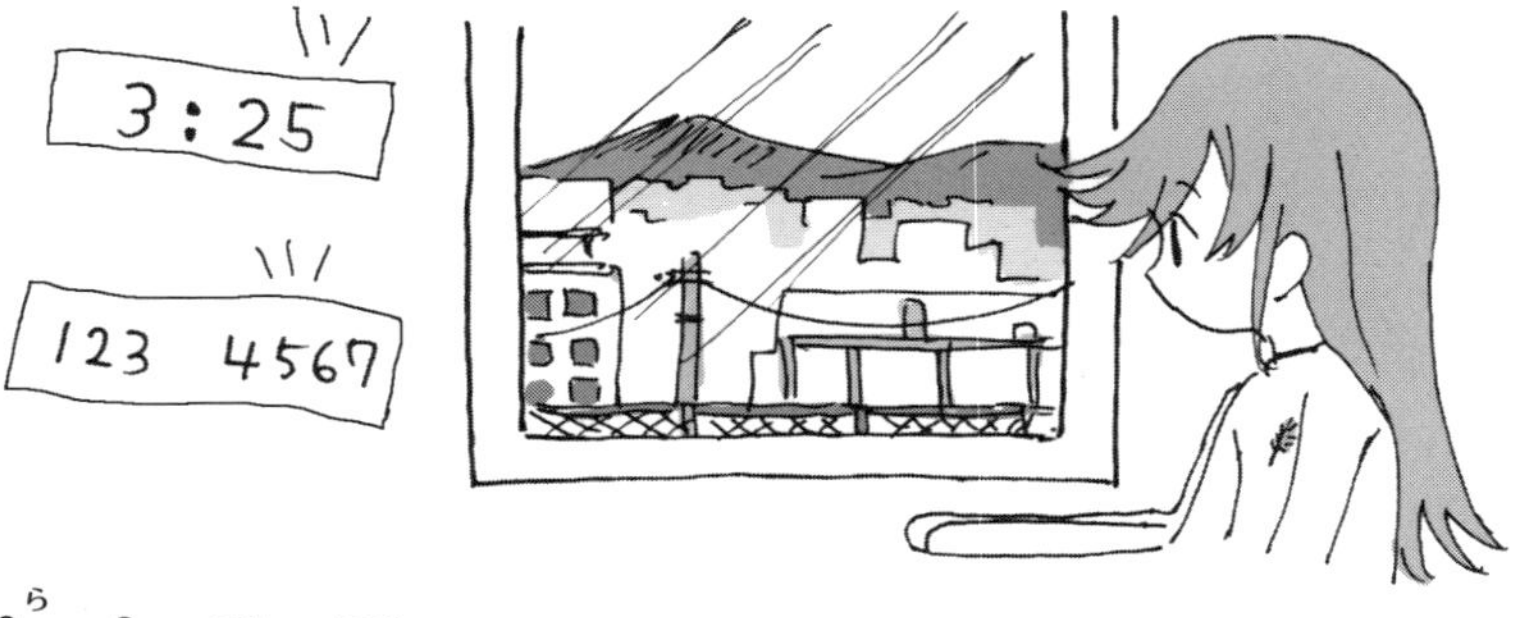

4 空《そら》をみる

空《そら》や遠《とお》くのけしきをながめよう。
雲《くも》の形《かたち》や遠《とお》くの山《やま》を、ていねいにみるようにするといいよ。

★74～75ページのこたえ

1 せいやくん

2
○ゆきのちゃんの口《くち》
○右《みぎ》のうさぎの耳《みみ》
○ひよこが1わ少《すく》ない
○ゆうとくんの左手《ひだりて》
○にわとりの左《ひだり》の足《あし》

きいても頭《あたま》にはいらない人《ひと》っているよね。『きく』の脳番地《のうばんち》をきたえれば、学校《がっこう》がもっと楽《たの》しくなるよ。
うん、そうそう！
みみりん
『きく』の脳番地《のうばんち》

④『きく』の脳番地《のうばんち》

ここをきたえると、学校《がっこう》の先生《せんせい》やお母《かあ》さんの話《はなし》が、ききやすくなる。

みみりん
〈脳番地地図《のうばんちちず》〉
右《みぎ》と左《ひだり》でやくわりがちがうね。
音楽《おんがく》やものおとをきく
ことばをきく
右脳《うのう》
左脳《さのう》
『きく』の脳番地《のうばんち》は左右《さゆう》の耳《みみ》のまわり。
『きく』の脳番地《のうばんち》が活《かつ》やくするのはこんなとき！
人《ひと》の話《はなし》をきくとき
まわりの音《おと》に気《き》づくとき
ブルルルル…
後《うし》ろから車《くるま》がくるぞ。
音楽《おんがく》をきくとき

『きく』の脳番地《のうばんち》がはたらかないと、少《すこ》し「自分《じぶん》かって」になるかも。

○話《はなし》をきくのは大《だい》すき

○ラジオはきらいじゃない

○にぎやかな場所《ばしょ》がすき

○友《とも》だちと話《はな》したりきいたりできる

○オンチではない

●話《はなし》をきくのはすきじゃない

●ラジオはほとんどきかない

●にぎやかな場所《ばしょ》はにがて

●一方的《いっぽうてき》に話《はなし》をしてしまう

●少《すこ》しオンチ

人《ひと》の話《はなし》や音《おと》をきく職業《しょくぎょう》の人《ひと》って、あんがい多《おお》いね。

『きく』の脳番地《のうばんち》のはたらきが強《つよ》いのは、こんな仕事《しごと》の人《ひと》

音楽家《おんがくか》

音楽家《おんがくか》は、自分《じぶん》で演奏《えんそう》する音《おと》をきいて確認《かくにん》します。『きく』の脳番地《のうばんち》が大活《だいかつ》やく。

心理《しんり》カウンセラー

心理《しんり》カウンセラーや相談員《そうだんいん》は、心《こころ》のなやみをなくす仕事《しごと》。相談者《そうだんしゃ》の話《はなし》を正確《せいかく》にきく力《ちから》が必要《ひつよう》です。

受付《うけつけ》の人《ひと》

会社《かいしゃ》などで、外《そと》からきた人《ひと》の相手《あいて》をする仕事《しごと》。正確《せいかく》にきくことがたいせつです。

落語家《らくごか》

落語家《らくごか》はお話《はなし》をおぼえるときに、きいておぼえます。お笑《わら》い芸人《げいにん》もきく力《ちから》がすごいです。

テレフォンオペレーター

電話《でんわ》でお客《きゃく》の相手《あいて》をする仕事《しごと》。電話《でんわ》なので、この脳番地《のうばんち》がすごく活《かつ》やくします。

『きく』の脳番地《のうばんち》といえば…、
ベントーベン先生《せんせい》！すばらしい耳《みみ》のもちぬしだ。
…というわけで脳《のう》の研究《けんきゅう》をすすめています。
校長室《こうちょうしつ》でざつだん中《ちゅう》
なるほど、興味深《きょうみぶか》いですね。
いやー脳《のう》とは不思議《ふしぎ》なものですな。
はっはっは
ポクポク
ん?!
今《いま》の音《おと》は…まるで木魚《もくぎょ》のような…
??
なぜあんないい音《おと》がするんだ?
校長《こうちょう》しつれい!!
もう一回ならして!!
パカーンッ!
わ〜!!
カラッポ…それでいい音《おと》が…。
洗じょう中
ないしょね…

『きく』の脳番地《のうばんち》って？

『きく』の脳番地《のうばんち》は、はじめに育《そだ》つ

『きく』の脳番地《のうばんち》は、赤《あか》ちゃんのころから発達《はったつ》をはじめます。学校《がっこう》で学《まな》ぶときもここが活《かつ》やくします。学《がっ》校《こう》では、ことばをきくことが多《おお》いので、『きく』の脳《のう》番地《ばんち》の左半分《ひだりはんぶん》のはたらきがとくに重要《じゅうよう》です。

☆友《とも》だちの話《はなし》をきく　☆先生《せんせい》の話《はなし》をきく

☆音楽《おんがく》をきく

ここを育《そだ》てると
成績《せいせき》がよくなる！

先生《せんせい》の話《はなし》をしっかりきけると、成績《せいせき》はあがります。

にがてを攻略《こうりゃく》④

「先生《せんせい》の話《はなし》が耳《みみ》にはいらない」

　しっかりきけないのは、『きく』の脳番地《のうばんち》のはたらきが弱《よわ》いからです。外《そと》で遊《あそ》ぶのがすきな人《ひと》の中《なか》に、『みる』の脳番地《のうばんち》が発達《はったつ》していて、『きく』の脳番地《のうばんち》のはたらきの弱《よわ》い人《ひと》がいます。下《した》の方法《ほうほう》や、本《ほん》の音読《おんどく》などで『きく』の脳番地《のうばんち》を育《そだ》てましょう。

やってみよう①

ねる前《まえ》にお話《はなし》

○夜《よる》ねる前《まえ》に、部屋《へや》を少《すこ》し暗《くら》くして、家《いえ》の人《ひと》と話《はなし》をします。家《いえ》の人《ひと》に、本《ほん》を読《よ》んでもらうのも効果《こうか》があります。

○暗《くら》いところなので、きく力《ちから》がつきます。

やってみよう②

きき書《が》き

○家《いえ》の人《ひと》に、みじかい文章《ぶんしょう》を読《よ》んでもらい、ノートに書《が》きうつします。はじめはゆっくり読《よ》んでもらいましょう。

○しっかりきく練習《れんしゅう》になります。

『きく』の脳番地《のうばんち》トレーニングルーム

きく練習《れんしゅう》も、いろいろあるぞ。音楽《おんがく》をたくさんきくのも、いいのだ！

1 きいて計算《けいさん》クイズ

つぎの計算問題《けいさんもんだい》を、耳《みみ》できいて答《こた》えよう。
家《いえ》の人《ひと》に問題《もんだい》を読《よ》んでもらってね。

①よん　たす　はち　ひく　いち　たす　よん　は？

②じゅう　たす　に　ひく　さん　たす　ろく　は？

③はち　たす　さん　たす　いち　ひく　よん　たす　なな　は？

暗算《あんざん》で答《こた》えても、ききながら書《か》いて計算《けいさん》しても、どちらでもいいよ。

2 ききとりクイズ

下《した》の文《ぶん》を家《いえ》の人《ひと》に読《よ》んでもらってね。ききながら、「て」がなん回《かい》でてくるか、かぞえよう。

きのうの午後《ごご》、お天気《てんき》がよかったので、
家族《かぞく》でごはんをたべにいってきました。
お母《かあ》さんは、てんぷらそば。
わたしとおとうとは、てんどんをたべました。
とてもおいしかったです。
お母《かあ》さん、ごちそうさま。

○できたら、つぎは、文《ぶん》をききながら、「ご」がなん回《かい》でてくるかをかぞえよう。

○そのつぎは、「ん」をかぞえてね。

3 アナウンサーの言葉《ことば》をまねる

テレビのアナウンサーが話《はな》すのをきいて、同《おな》じように話《はな》そう。声《こえ》の感《かん》じや話《はな》し方《かた》もそっくりに、まねをしてみよう。

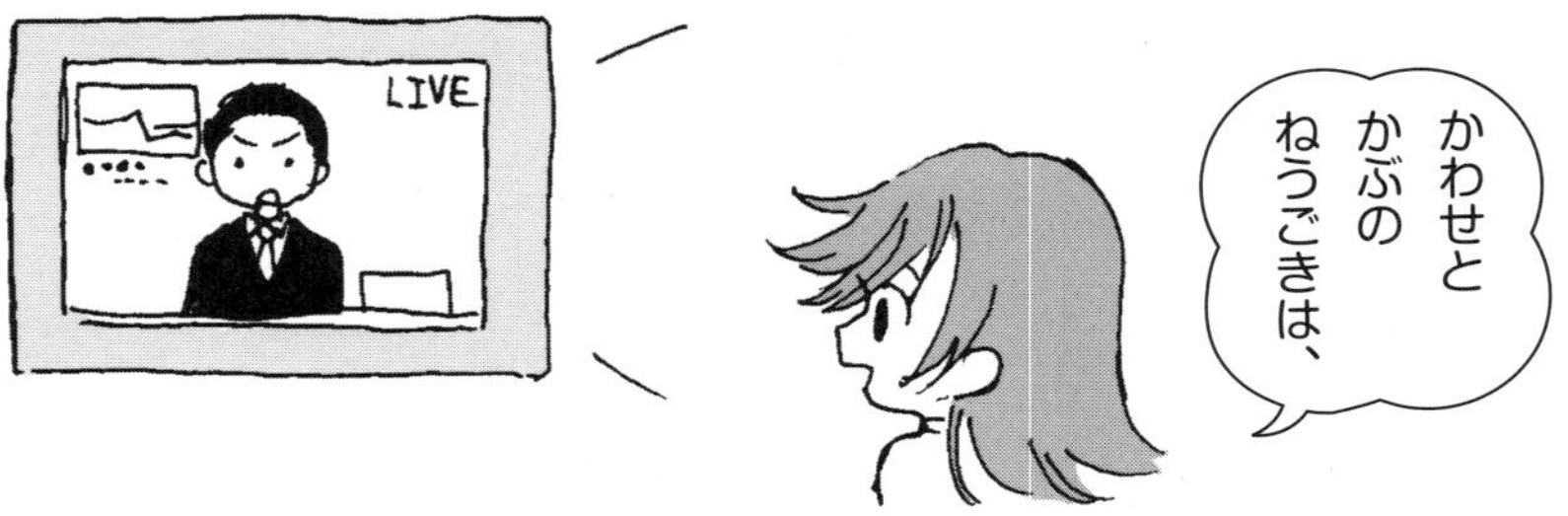

4 リコーダーの練習《れんしゅう》をする

楽器《がっき》の練習《れんしゅう》は、『きく』の脳番地《のうばんち》をきたえて刺激《しげき》してくれるよ。

自分《じぶん》の音《おと》をよくききながら、えんそうしよう。

★84 ～ 85 ページのこたえ

1
① 15
② 15
③ 15

2
て……5 かい
ご……4 かい
ん……7 かい

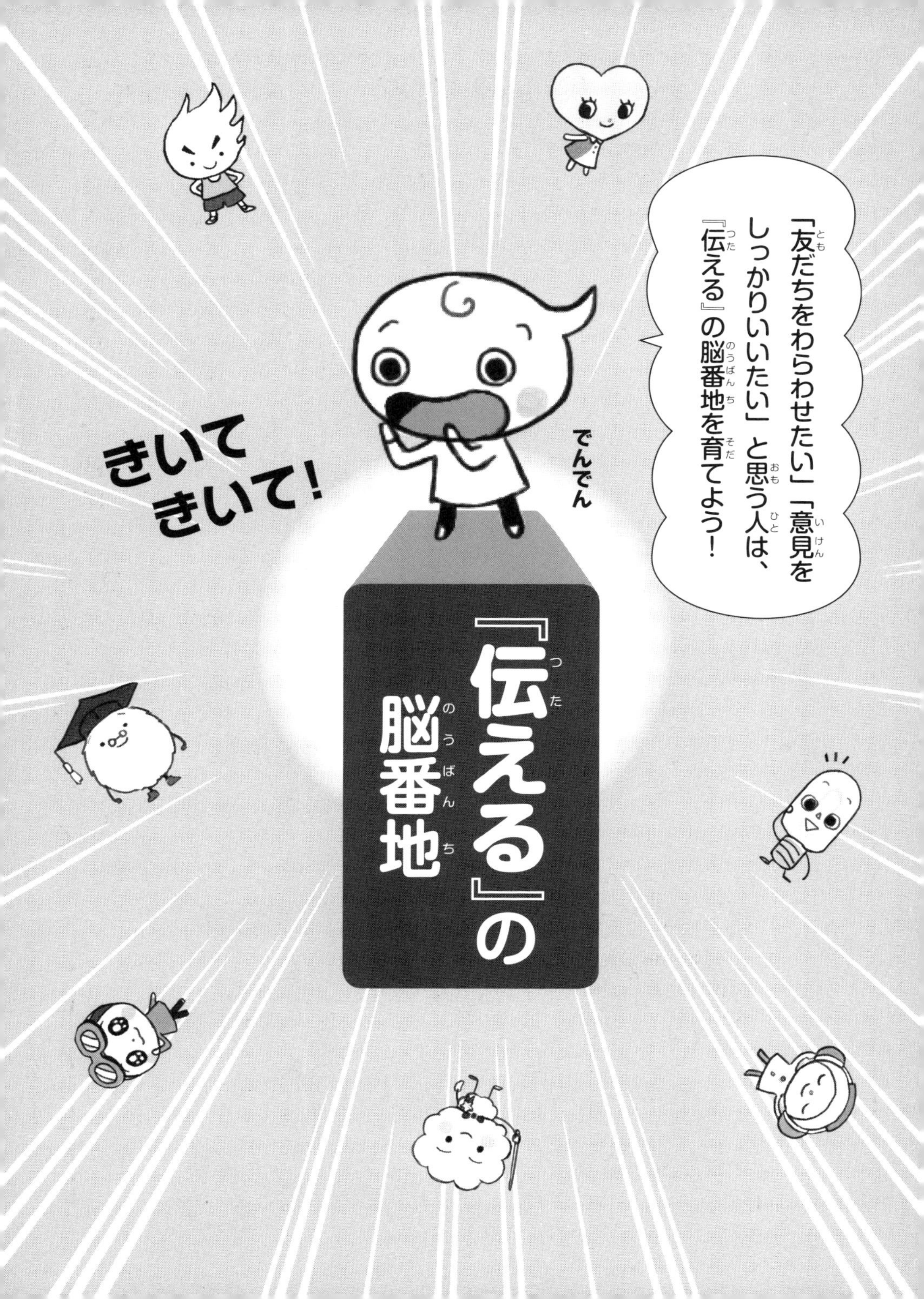
『伝《つた》える』の
脳番地《のうばんち》
きいて
きいて！
でんでん
「友《とも》だちをわらわせたい」「意見《いけん》を
しっかりいいたい」と思《おも》う人《ひと》は、
『伝《つた》える』の脳番地《のうばんち》を育《そだ》てよう！

⑤『伝《つた》える』の脳番地《のうばんち》

きたえると、みんなでワイワイ楽《たの》しめるね。

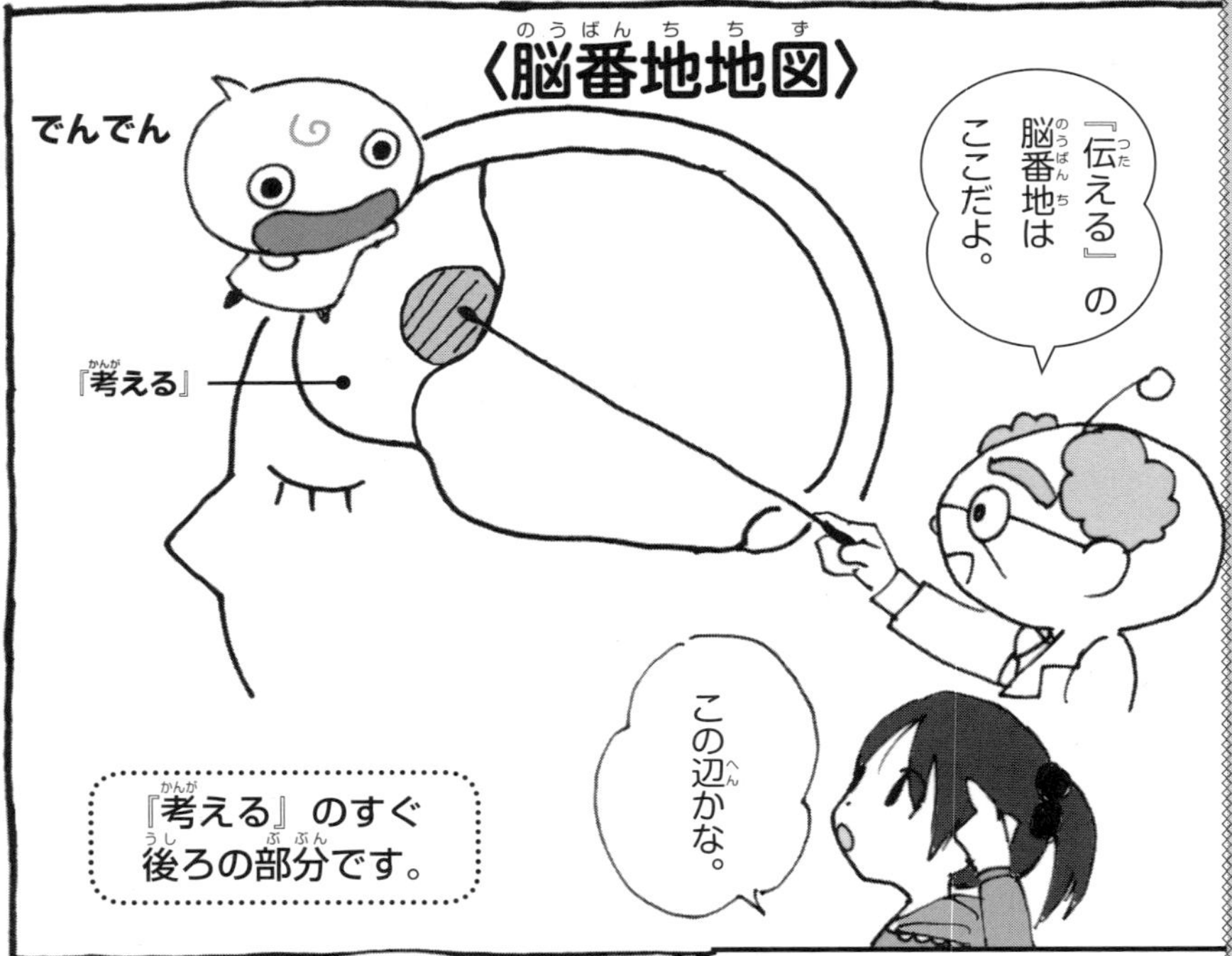

『伝《つた》える』の脳番地《のうばんち》がはたらかないと、少《すこ》しさびしそうだね。

『伝《つた》える』の脳番地《のうばんち》がはたらくとこうなる

『伝《つた》える』の脳番地《のうばんち》がはたらかないとこうなる

うれしい気《き》もちを伝《つた》えられる
これどうぞ!
うわー超《ちょう》うれしいありがとうー
プレゼントをもらったとき
自分《じぶん》の気《き》もちを伝《つた》えられない
えーとあの……
みんなでワイワイするのがすき
ひとりでいるのがすき

○はずかしいとはあまり思《おも》わない
○自分《じぶん》のことを、みんなはわかっていると思《おも》う
○発表《はっぴょう》ができる
○ジェスチャーは自然《しぜん》にでる
○自分《じぶん》から友《とも》だちに話《はな》しかける

●はずかしがり
●自分《じぶん》のことを、だれもわかってくれないと思《おも》う
●発表《はっぴょう》はにがて
●ジェスチャーはほとんどしない
●自分《じぶん》からは、友《とも》だちに話《はな》しかけられない

どの仕事《しごと》も、話《はなし》をたくさんする職業《しょくぎょう》だね。

『伝《つた》える』の脳番地《のうばんち》のはたらきが強《つよ》いのは、こんな仕事《しごと》の人《ひと》

僧侶《そうりょ》

お寺《てら》のお坊《ぼう》さんや教会《きょうかい》の牧師《ぼくし》さんは、きく人《ひと》にあわせた話《はなし》が、じょうずです。

アナウンサー

テレビのアナウンサーは、ここをはたらかせて、わかりやすく伝《つた》えてくれます。

旅行《りょこう》のガイド

ガイドや添乗員《てんじょういん》は、旅行客《りょこうきゃく》をゆうどうする仕事《しごと》。この脳番地《のうばんち》をつかいます。

営業《えいぎょう》マン

営業《えいぎょう》マンは、モノをうる仕事《しごと》です。お客《きゃく》を説得《せっとく》する力《ちから》が重要《じゅうよう》で、ここが活《かつ》やく。

通訳《つうやく》

通訳《つうやく》や手話通訳士《しゅわつうやくし》は、相手《あいて》にわかりやすいよう、ことばやジェスチャーで伝《つた》える仕事《しごと》です。

先生《せんせい》はみんなの前《まえ》で話《はな》すことが仕事《しごと》。
だから、『伝《つた》える』の脳番地《のうばんち》のはたらきはたいせつなのだ。
伝《つた》える力《ちから》をみがくには、
チームスポーツがいちばん!
アイコンタクト
かけ声
ジェスチャー
…というわけでー
われわれもフットサルで『伝《つた》える』の脳番地《のうばんち》をさらにきたえましょう。
いいですね!!
チーム脳
わたしはしつれいします。
すみませんがわたしも…。
スタ
スタ
ざんねんですね校長《こうちょう》。
イヤイヤかれらはだいじょうぶ。
あの二人…
コンビまんざいがしゅみでね、いつも練習《れんしゅう》してるよ。
わが校《こう》最強《さいきょう》の『伝《つた》える』の脳番地《のうばんち》の持《も》ち主《ぬし》だ!
いやもービックリしたわホンマ。
そんなんヤルキアルデかいな!

『伝《つた》える』の脳番地《のうばんち》って？

ことばとジェスチャーで伝《つた》える！

ほかの人《ひと》になにかを伝《つた》える手段《しゅだん》は、ことばだけではありません。ジェスチャーもあります。『伝《つた》える』の脳番《のうばん》地《ち》の左半分《ひだりはんぶん》はことばで伝《つた》えることを、右半分《みぎはんぶん》はジェスチャーなどで伝《つた》えることを担当《たんとう》しています。女子《じょし》はことばがとくいで、男子《だんし》はジェスチャーがとくいという傾向《けいこう》もあります。

☆ジェスチャーで伝《つた》える

☆ことばで伝《つた》える

ここを育《そだ》てると 人気者《にんきもの》になれる！

楽《たの》しいおしゃべりができるようになり、クラスの人気者《にんきもの》になれます。

にがてを
攻略《こうりゃく》5

「人《ひと》の前《まえ》で話《はなし》ができない」

『伝《つた》える』の脳番地《のうばんち》のはたらきが弱《よわ》いと、人《ひと》の前《まえ》で発表《はっぴょう》をするのが、にがてになります。この脳番地《のうばんち》は10歳《さい》くらいから大《おお》きくのびますから、これからしっかり育《そだ》てましょう。

やってみよう1

カラオケ

○大《おお》きな声《こえ》で歌《うた》を歌《うた》いましょう。いろいろな歌《うた》にチャレンジするよりも、1曲《きょく》をしっかりおぼえましょう。

○人《ひと》の前《まえ》で歌《うた》うので、いい練習《れんしゅう》になります。

やってみよう2

学校《がっこう》でよかったことを家《いえ》で話《はな》す

○家《いえ》に帰《かえ》ってから、その日《ひ》学校《がっこう》であったよかったことをお母《かあ》さんやお父《とう》さんに話《はな》してください。

○話《はなし》をする機会《きかい》がふえ『伝《つた》える』の脳番地《のうばんち》を刺激《しげき》してくれます。

『伝《つた》える』の脳《のう》番《ばん》地《ち》トレーニングルーム

1 ハイパーしりとり

自分《じぶん》の前《まえ》の前《まえ》の人《ひと》がいったことばと、前《まえ》の人《ひと》がいったことばをくりかえしてから、つぎのことばをいってね。

2 家族《かぞく》しょうかい

自分《じぶん》と、自分《じぶん》の家族《かぞく》のことを、みんなにしょうかいしてみよう。下《した》の空《くう》らんをうめて、声《こえ》にだして発表《はっぴょう》しよう。

わたしの名前《なまえ》は　　　　　　です。

　　　　　　小学校《しょうがっこう》の　　　　年生《ねんせい》です。

家《いえ》は　　　　　　県《けん》　　　　　　市《し》です。

わたしは　　　　人家族《にんかぞく》です。

わたしは　　　　　　　　　　と

くらしています。

3 あいさつをする

自分《じぶん》から、大《おお》きな声《こえ》で、あいさつをしよう。しっかりと相手《あいて》の顔《かお》もみてね。

4 ガッツポーズの練習《れんしゅう》をする

にぎったこぶしを力強《ちからづよ》くつきあげて、ガッツポーズをしよう。大《おお》きなアクションの練習《れんしゅう》をするといいよ。

『運動《うんどう》』の脳番地《のうばんち》

『運動《うんどう》』の脳番地《のうばんち》には、からだを動《うご》かすだけでなく、工作《こうさく》や、早口《はやくち》ことばもいいんだ。いろいろなことをやってみよう！
ファイト！
きんぞう

⑥『運動《うんどう》』の脳番地《のうばんち》

きたえると、からだが動《うご》きやすくなって脳《のう》も活発《かっぱつ》になるよ。

はじめはへたでも、練習《れんしゅう》すると、この脳番地《のうばんち》がきたえられるんだ。

○ドッジボールでにげるのがうまい
○かけっこがすき
○食《た》べ物《もの》をこぼさない
○字《じ》がうまい
○手先《てさき》がきよう

●ドッジボールでにげるのがへた
●かけっこがきらい
●食《た》べ物《もの》をこぼすことがある
●字《じ》がへた
●手先《てさき》がぶきよう

どの仕事《しごと》も、からだや手足《てあし》をすばやく正確《せいかく》に動《うご》かしているね。

『運動《うんどう》』の脳番地《のうばんち》のはたらきが強《つよ》いのは、こんな仕事《しごと》の人《ひと》

外科医《げかい》

手術《しゅじゅつ》をする外科医《げかい》は、この脳《のう》番地《ばんち》をはたらかせて、とてもこまかい作業《さぎょう》をします。

アスリート

野球《やきゅう》やサッカーなどの運動《うんどう》選手《せんしゅ》たちは、すばやく動《うご》くことで、たたかっています。

消防士《しょうぼうし》

消防士《しょうぼうし》も警察官《けいさつかん》も、危険《きけん》がいっぱいの仕事《しごと》です。すばやく動《うご》くことが重要《じゅうよう》です。

漁師《りょうし》

魚《さかな》をつるのにたいせつなのはタイミング。農家《のうか》の人《ひと》も、いろんな作業《さぎょう》で、『運動《うんどう》』の脳番地《のうばんち》をつかいます。

パイロット

飛行機《ひこうき》のパイロットは、風《かぜ》の変化《へんか》にびん感《かん》。すぐに動《うご》けるようにしています。

『運動《うんどう》』の脳番地《のうばんち》のはたらきが
すぐれているのは…、
ベントーベン先生《せんせい》
ダサイ先生《せんせい》
ピカ先生《せんせい》
だが、やはり
ナンバーワンは
体育《たいいく》の
ハチロー先生《せんせい》
だな！
……
ハチロー
先生《せんせい》はスポーツ
万能《ばんのう》！
ダンスも
うまい！
ギターも
じょうず！
ハチロー先生《せんせい》
さぞかし
モテるんで
しょうね。
いやー
それが…。
ハチロー先生《せんせい》の自宅《じたく》←
よーし…、
もうすぐ
完成《かんせい》だ♪
ちくちく
ちくちく
このしゅみが
なかなか
理解《りかい》されない
んだなー。
でも、満足《まんぞく》♥
自撮り
自作
コスプレ
している

『運動《うんどう》』の
脳番地《のうばんち》って？

脳《のう》の中心《ちゅうしん》にあり、脳《のう》はここから育《そだ》つ

この脳番地《のうばんち》は、脳《のう》が育《そだ》つときに、木《き》のみきのような役割《やくわり》をします。ここを育《そだ》てると、脳全体《のうぜんたい》がしっかりと育《そだ》ちやすくなります。『運動《うんどう》』の脳番地《のうばんち》は、頭《あたま》のいちばん高《たか》いところから、左右《さゆう》にのびています。まん中《なか》のほうから左右《さゆう》にむかって、足《あし》・手《て》・口《くち》を動《うご》かす部分《ぶぶん》がならんでいます。

ここを育《そだ》てると
行動力《こうどうりょく》がつく！

からだを動《うご》かすことで脳《のう》が活発《かっぱつ》になり、いろいろなことができるように。

にがてを攻略《こうりゃく》❻

「運動神経《うんどうしんけい》がゼロ!?」

運動《うんどう》がにがてなのは、運動《うんどう》の経験《けいけん》が少《すく》ないからかもしれません。できるだけ、からだを動《うご》かしましょう。下《した》の方法《ほうほう》のほか、ジョギングや散歩《さんぽ》もオーケー。楽器《がっき》や習字《しゅうじ》をならうのも役《やく》にたちます。

やってみよう❶

料理《りょうり》をする

○やさいをきったり、フライパンでいためたり、料理《りょうり》は、いろいろな動《うご》きをします。できれば、食後《しょくご》のあらい物《もの》もしましょう。

○楽《たの》しみながら、『運動《うんどう》』の脳番地《のうばんち》をきたえられます。

おいしくな～れ。

やってみよう❷

足《あし》で新聞紙《しんぶんし》をたたむ

○足《あし》だけをつかって新聞紙《しんぶんし》を小《ちい》さくたたみます。はじめは丸《まる》めるだけでもオーケーです。

○ふだんはやらない動《うご》きをすることで、『運動《うんどう》』の脳番地《のうばんち》を刺激《しげき》します。

こうやってこう…

『運動《うんどう》』の脳番地《のうばんち》トレーニングルーム

早口《はやくち》ことば、あんまりとくいじゃ…。わたしも練習《れんしゅう》します。

1 早口《はやくち》ことば

下《した》の早口《はやくち》ことばをやってみよう。
早《はや》くいえるようになるまで練習《れんしゅう》してね。

① となりの客《きゃく》はよく柿《かき》くう客《きゃく》だ

② 赤《あか》パジャマ黄《き》パジャマ青《あお》パジャマ

③ かえるぴょこぴょこ三《み》ぴょこぴょこ
あわせてぴょこぴょこ六《む》ぴょこぴょこ

2 線《せん》むすびとぬり絵《え》

1から数字《すうじ》の順番《じゅんばん》に線《せん》をつないでみよう。
なんの絵《え》になるかな？
絵《え》ができたら、ぬりえを完成《かんせい》させてね。

数字《すうじ》は(1)、①、1の３種類《しゅるい》あるよ。それぞれ同《おな》じ種類《しゅるい》の数字《すうじ》をつないでね。

3 左手《ひだりて》で歯《は》みがきしよう

右《みぎ》ききの人《ひと》は、左手《ひだりて》で歯《は》ブラシをもって、歯《は》みがきをしよう。左《ひだり》ききの人《ひと》は右手《みぎて》で。なれない動《うご》きが、脳《のう》を刺激《しげき》してくれるよ。

4 ゆびあそび

両手《りょうて》をいちどにぎってから、下《した》のように動《うご》かしてみよう。

① 右手《みぎて》の小《こ》ゆびと左手《ひだりて》の親《おや》ゆびをのばす

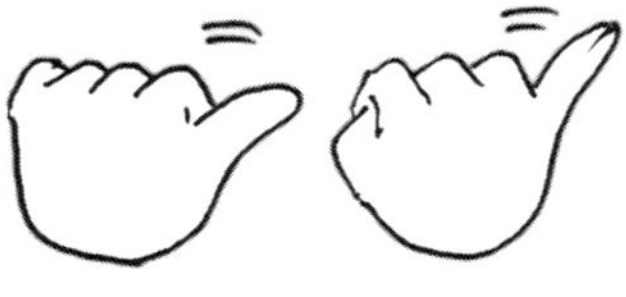

② 右手《みぎて》の親《おや》ゆびと左手《ひだりて》の小《こ》ゆびをのばす

①と②を、なん回《かい》もくりかえそう。
まちがえずに、できるように練習《れんしゅう》してみてね。

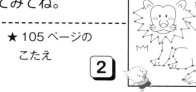

★ 105 ページの
こたえ
2

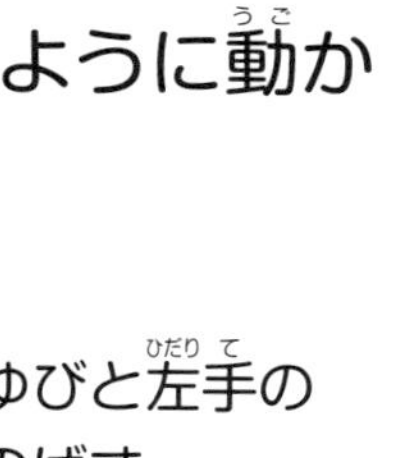

「おかたづけ」が『理解《りかい》』の脳番地《のうばんち》を育《そだ》てるんだ。身《み》のまわりのかたづけをして、頭《あたま》をよくしちゃおう!
わかった!
わかっぴ
『理解《りかい》』の脳番地《のうばんち》

⑦『理解《りかい》』の脳番地《のうばんち》

きたえると、いろいろなことがわかって楽《たの》しくなる。

わかっぴ
〈脳番地地図《のうばんちちず》〉
『理解《りかい》』の脳番地《のうばんち》はここだよ。
少《すこ》し後《うし》ろのほうね。
『理解《りかい》』の脳番地《のうばんち》が活《かつ》やくするのはこんなとき！
「あっ！そうか」と思《おも》うとき
あっ
読書《どくしょ》をするとき
おつかいをするとき
これください

『理解《りかい》』の脳番地《のうばんち》がはたらかないと、ムダなことがふえそうだね。

○まわりの人《ひと》とスムーズに話《はな》せる
○おとなの人《ひと》とも、話《はなし》ができる
○あまりつまずかない
○まわりの人《ひと》から注意《ちゅうい》されることはほとんどない
○かたづけができる

●ひとりごとが多《おお》い
●おとなの人《ひと》とは、話《はなし》ができない
●よくつまずく
●大声《おおごえ》で話《はなし》をして、注意《ちゅうい》されることがある
●かたづけがにがて

どの仕事《しごと》も、いろんな情報《じょうほう》を集《あつ》めたり整理《せいり》したりしているね。

『理解《りかい》』の脳番地《のうばんち》のはたらきが強《つよ》いのは、こんな仕事《しごと》の人《ひと》

ゲームクリエイター

ゲームやパソコンのプログラムをつくる仕事《しごと》。しくみを理解《りかい》する力《ちから》が必要《ひつよう》。

弁護士《べんごし》

弁護士《べんごし》などの法律家《ほうりつか》は、法律《ほうりつ》の意味《いみ》を正確《せいかく》に理解《りかい》して問題《もんだい》を解決《かいけつ》します。

編集者《へんしゅうしゃ》

文章《ぶんしょう》などを整理《せいり》してわかりやすくする仕事《しごと》。翻訳家《ほんやくか》も外国語《がいこくご》をわかりやすい日本語《にほんご》にする仕事《しごと》で、ここをつかいます。

研究者《けんきゅうしゃ》

研究者《けんきゅうしゃ》や学者《がくしゃ》は、ものごとのひみつや関連《かんれん》を新《あたら》しくみつける仕事《しごと》。実験《じっけん》などの意味《いみ》をよく理解《りかい》しています。

内科医《ないかい》

いたみや様子《ようす》を理解《りかい》して、原因《げんいん》をみつけるのが、内科医《ないかい》などの医師《いし》の仕事《しごと》。

読書《どくしょ》のオニ
ダサイ先生《せんせい》
みんなの気分《きぶん》を
さっしてくれる
ナイチンゲール
先生《せんせい》
かれらは
『理解《りかい》』の
脳番地《のうばんち》の
達人《たつじん》だ。
いっぽう
ベントーベン先生《せんせい》は…、
音《おと》の理解力《りかいりょく》は
バツグンだが、
整理《せいり》整《せい》とんが
にがてだ。
あれ
どこだっけ…
ごちゃ〜
空間《くうかん》（広《ひろ》さ）
を理解《りかい》する
脳番地《のうばんち》に
弱点《じゃくてん》が
あるのだ。
校長《こうちょう》！
わが校《こう》の
生徒《せいと》たちにも
ホンモノの音《おと》を
きかせたい!!
音楽室《おんがくしつ》に
グランドピアノ
をいれましょう！
つくえがはみだす
音楽室《おんがくしつ》➡
たぶん、ムリ。
ホントだ…。

『理解《りかい》』の
脳番地《のうばんち》って？

みたこと・きいたこと・感《かん》じたこと・考《かんが》えたことをまとめる脳番地《のうばんち》

『理解《りかい》』の脳番地《のうばんち》は、いろいろな情報《じょうほう》をまとめ、整理《せいり》して、「わかった！」「そうだ」となっとくする部分《ぶぶん》です。ふだんから、「なぜ？」とか「どうして？」とよくいう人《ひと》は、ここがはたらいています。

☆ペットのモコちゃん、元気《げんき》がない！ どうして？

ここを育《そだ》てると
毎日《まいにち》が楽《たの》しくなる！

わかることがふえ、知《し》りたいことがふえると、たいくつしません。

にがてを攻略《こうりゃく》7

「かたづけができない」

『理解《りかい》』の脳番地《のうばんち》がはたらいていないと、かたづけができません。まず、「本《ほん》は本《ほん》で集《あつ》める」「雑誌《ざっし》はこっち」というなかま分《わ》けをおぼえましょう。下《した》の方法《ほうほう》のほかに、トランプなどのゲームをするのも役《やく》にたちます。

やってみよう1

そうじをする

○自分《じぶん》の部屋《へや》にそうじきをかけましょう。そうじきをかけると、部屋《へや》が整理《せいり》されていないことに気《き》がつきます。

○かたづけた後《あと》の気《き》もちよさもこの脳番地《のうばんち》を刺激《しげき》します。

やってみよう2

洋服《ようふく》をたたむ

○洋服《ようふく》をきれいにたたむ方法《ほうほう》をおぼえましょう。

○種類《しゅるい》によってたたみ方《かた》が変《か》わること、同《おな》じ大《おお》きさにたたむことなど、かたづけのコツが、自然《しぜん》にみにつきます。

『理《り》解《かい》』の脳《のう》番《ばん》地《ち》トレーニングルーム

1 図《ず》形《けい》クイズ

4つの図《ず》の中《なか》に、1つだけ、ほかとちがう図《ず》があるよ。それはどれかな？

①

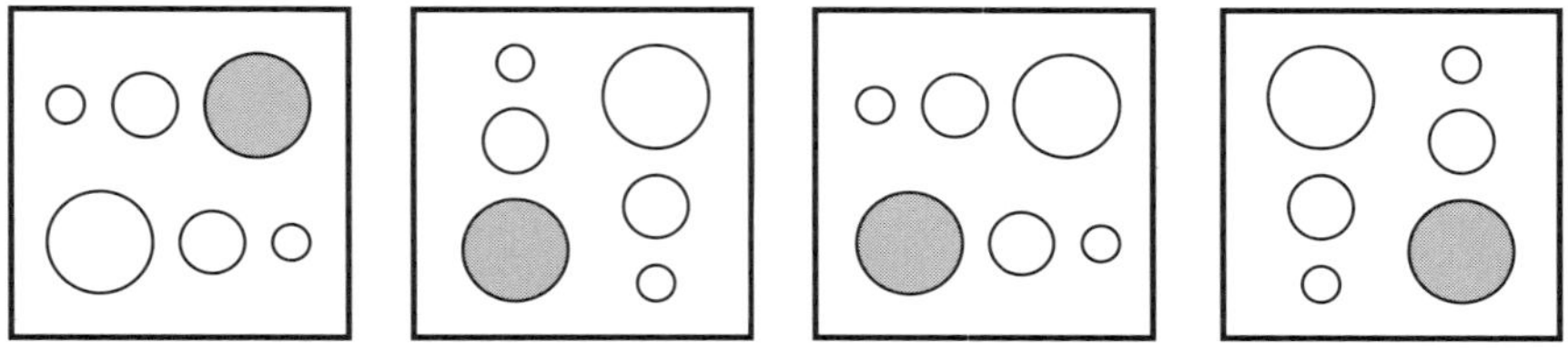

㋐ ㋑ ㋒ ㋓

②

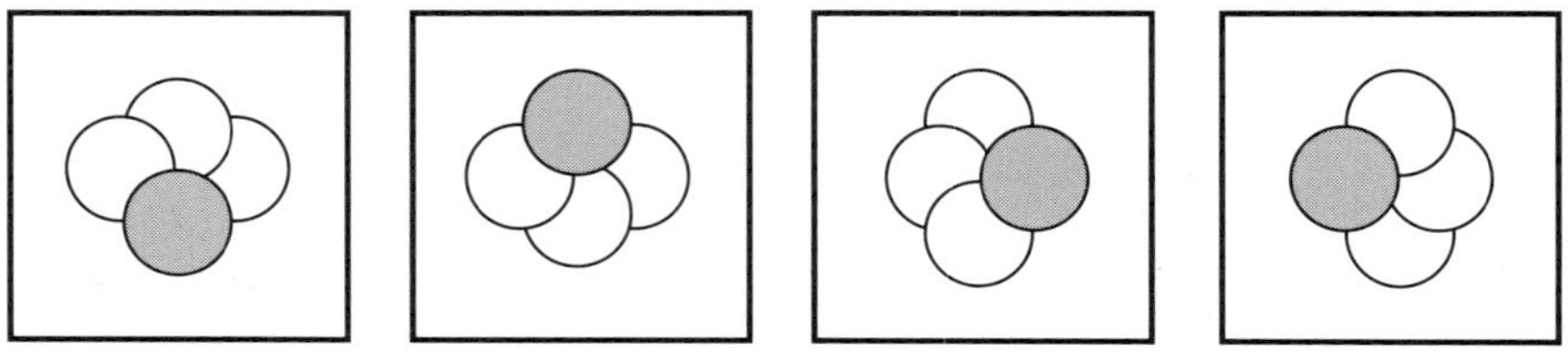

㋐ ㋑ ㋒ ㋓

2 判《はん》じ絵《え》なぞなぞ

下《した》の図《ず》は、みんな、動物《どうぶつ》のなまえのなぞなぞ。
答《こた》えを考《かんが》えてね。

① 森《もの》の動物《どうぶつ》だよ。

② チュンチュンと鳴《な》くよ。

③ 魚《さかな》だよ。

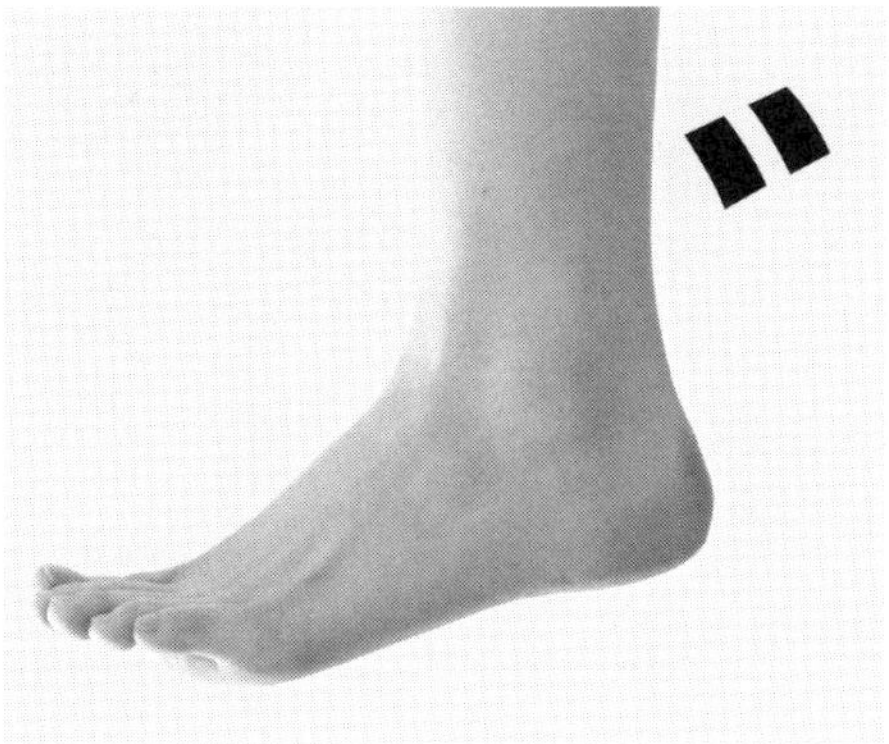

④ あごが大《おお》きい動物《どうぶつ》。

3 あく手《しゅ》をしよう！

友《とも》だちや家《いえ》の人《ひと》とあく手《しゅ》をして、おたがいのことを理解《りかい》しよう。じかに相手《あいて》のことがわかるよ。

4 本《ほん》だなを整理《せいり》しよう

本《ほん》を大《おお》きさでそろえてならべたり、種類《しゅるい》ごとにそろえたりして、整理《せいり》してね。ときどき、ならべ方《かた》をかえるのも、脳《のう》にいいよ。

シリーズものの本《ほん》は、順番《じゅんばん》にならべてね。

★114～115ページのこたえ

1 ①イ　②イ

2 ①くま　②すずめ　③あじ（魚《さかな》）　④わに

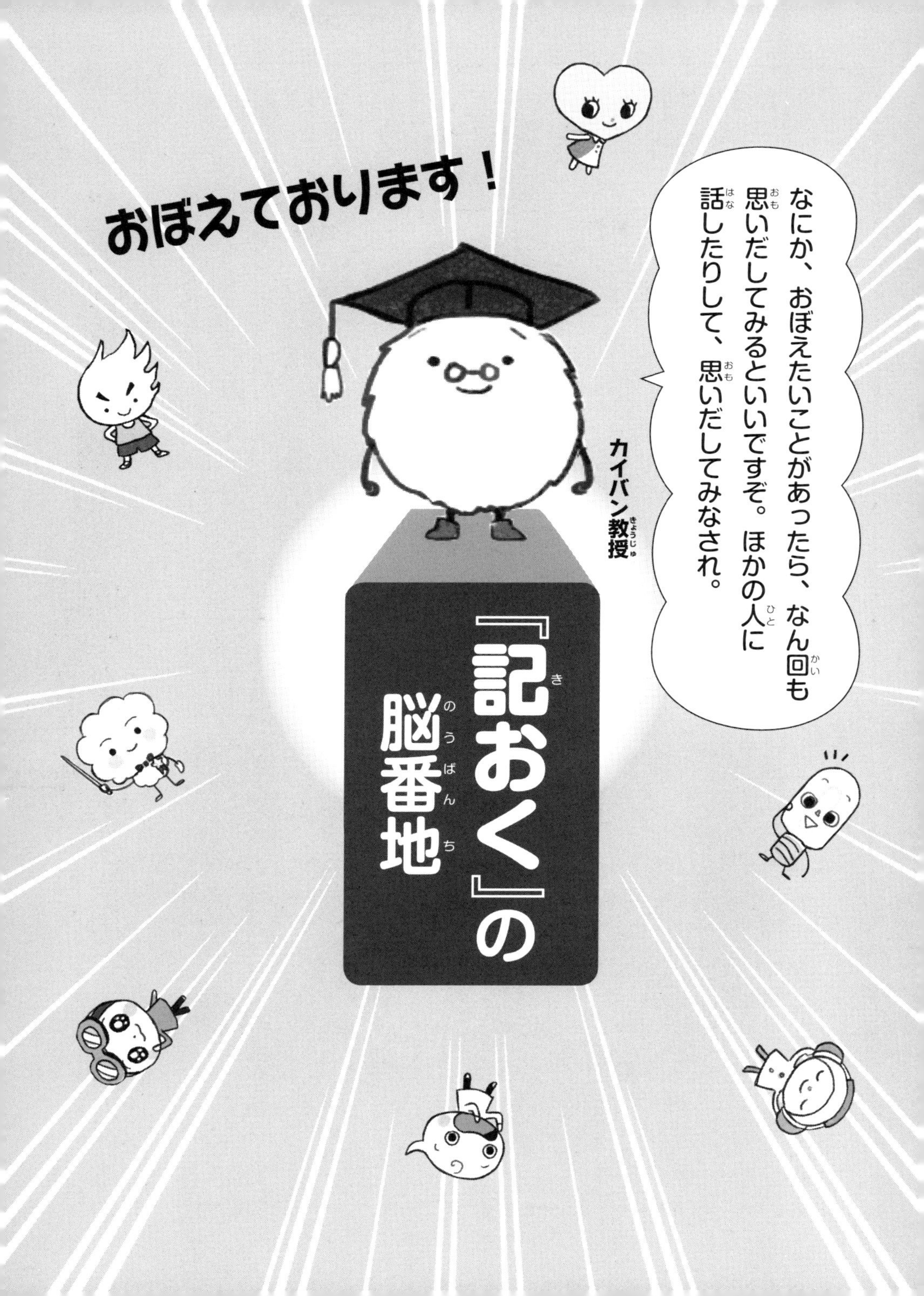
おぼえております！
なにか、おぼえたいことがあったら、なん回《かい》も
思《おも》いだしてみるといいですぞ。ほかの人《ひと》に
話《はな》したりして、思《おも》いだしてみなされ。
カイバン教授《きょうじゅ》
『記《き》おく』の
脳《のう》番《ばん》地《ち》

⑧『記《き》おく』の脳番地《のうばんち》

きたえると、つかえる情報《じょうほう》がふえて、勉強《べんきょう》も楽《たの》しくなる。

『記《き》おく』の脳番地《のうばんち》がはたらかないと、失敗《しっぱい》がふえそうだね。

『記《き》おく』の脳番地《のうばんち》がはたらくとこうなる	『記《き》おく』の脳番地《のうばんち》がはたらかないとこうなる

約束《やくそく》や予定《よてい》をまもれる

約束《やくそく》や予定《よてい》をよくわすれる

日記《にっき》を書《か》くのがすき

日記《にっき》を書《か》くのがにがて

○おぼえるのはとくい
○予定《よてい》をときどき自分《じぶん》で考《かんが》える
○夏休《なつやす》みの絵日記《えにっき》にはこまらない
○２つのことをいわれても、おぼえている
○冷蔵庫《れいぞうこ》をあけてから、だすものをわすれることはない

●おぼえるのはとくいじゃない
●予定《よてい》は親《おや》が考《かんが》える
●夏休《なつやす》みの絵日記《えにっき》は毎年《まいとし》こまる
●２つのことをいわれても、１つしかおぼえていない
●冷蔵庫《れいぞうこ》をあけてから、なにをだすのかわすれていることがある

どの仕事《しごと》も、いろいろなまちがいをふせぐ職業《しょくぎょう》だね。

『記《き》おく』の脳番地《のうばんち》のはたらきが強《つよ》いのは、こんな仕事《しごと》の人《ひと》

薬剤師《やくざいし》

医師《いし》の指示《しじ》で薬《くすり》を用意《ようい》する仕事《しごと》。薬《くすり》のことをたくさんおぼえています。

歴史家《れきしか》

昔《むかし》のことをたくさんおぼえていて、できごとの原因《げんいん》や結果《けっか》を研究《けんきゅう》する仕事《しごと》。

教師《きょうし》

学校《がっこう》の先生《せんせい》もじゅくの先生《せんせい》も、勉強《べんきょう》だけでなく、生徒《せいと》のこともよく知《し》っています。

図書館員《としょかんいん》

図書館《としょかん》のたくさんの本《ほん》のことをおぼえていて、おく場所《ばしょ》もおぼえています。

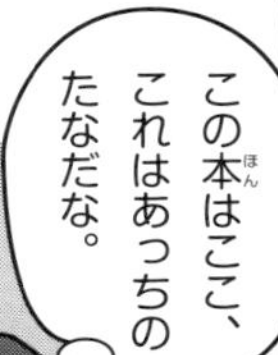

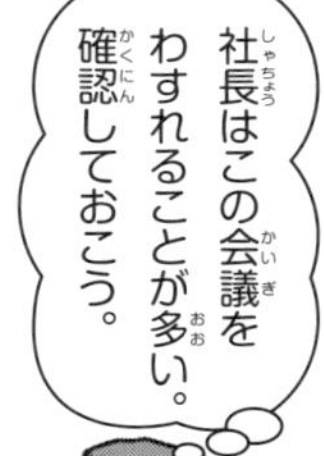

秘書《ひしょ》

社長《しゃちょう》や会社《かいしゃ》の重役《じゅうやく》などの、予定《よてい》を管理《かんり》する仕事《しごと》です。いろいろなことをおぼえています。

『記《き》おく』の脳番地《のうばんち》がだれよりも強《つよ》くはたらいているのは…
国語《こくご》がとくいなダサイ先生《せんせい》だ
かれの頭《あたま》の中《なか》にはー
さまざまな知《ち》しきが記《き》おくされている
さらにー
おはようダサイ先生《せんせい》。
ピカ先生《せんせい》、今日《きょう》はたしかおくさまの誕生日《たんじょうび》でしたね？
10月3日!!
そーだったわすれてた!!
ダサイ先生《せんせい》ありがとうありがとう
かみさんにブッとばされるとこだった。
しかしー
ナイチンガール先生《せんせい》、まだお仕事《しごと》ですか？
今日《きょう》は先生《せんせい》の35歳《さい》のお誕生日《たんじょうび》ですよね。おひとりでもちゃんとおいわいを…
ほっといてちょーだい!!
しつれいしましたー!!!
バキィ!!

『記《き》おく』の脳番地《のうばんち》って？

おぼえるはたらきと、思《おも》いだすはたらきをしている！

この脳番地《のうばんち》は、気《き》もちが動《うご》いたことや、深《ふか》く考《かんが》えたことを、しっかりおぼえてくれます。おぼえるコツは、何回《なんかい》も思《おも》いだすこと。たとえば、うれしいことは、くりかえし思《おも》いだすので記《き》おくに残《のこ》り、深《ふか》く考《かんが》えたことは、それでいいのかが気《き》になって思《おも》いだすので、おぼえやすくなるのです。

☆『気《き》もち』＋『記《き》おく』

これは
わすれ
られない!!
うれしい!!

☆『考《かんが》える』＋『記《き》おく』

あしたは
がっそうの
朝練《あされん》。
なんじに
おきれば…。

ここを育《そだ》てると

頭《あたま》がよくなる！

考《かんが》えることとおぼえることがつながってくると、すごいことになる。

にがてを
攻略《こうりゃく》8

「おぼえられない！」

おぼえられないのは、『記《き》おく』の脳番地《のうばんち》がはたらいていないからです。ここをはたらかせるコツは、自分《じぶん》のすきなことからおぼえること。自動車《じどうしゃ》のことはバッチリとか、ケーキのことはなんでも知《し》っている、というのもありです。すきなことでおぼえるくせをつけましょう。

やってみよう1

来週《らいしゅう》の予定《よてい》をたてる

○自分《じぶん》でやりたいことを考《かんが》えながら、来週《らいしゅう》の予定《よてい》をたてましょう。

○自分《じぶん》で考《かんが》えているので、おぼえやすくなります。

やってみよう2

給食《きゅうしょく》のこんだてを思《おも》いだす

○きのうはなんだったっけ、おとといは？と、思《おも》いだします。

○思《おも》いだす練習《れんしゅう》になり、『記《き》おく』の脳番地《のうばんち》をきたえられます。

『記《き》おく』の脳《のう》番《ばん》地《ち》トレーニングルーム

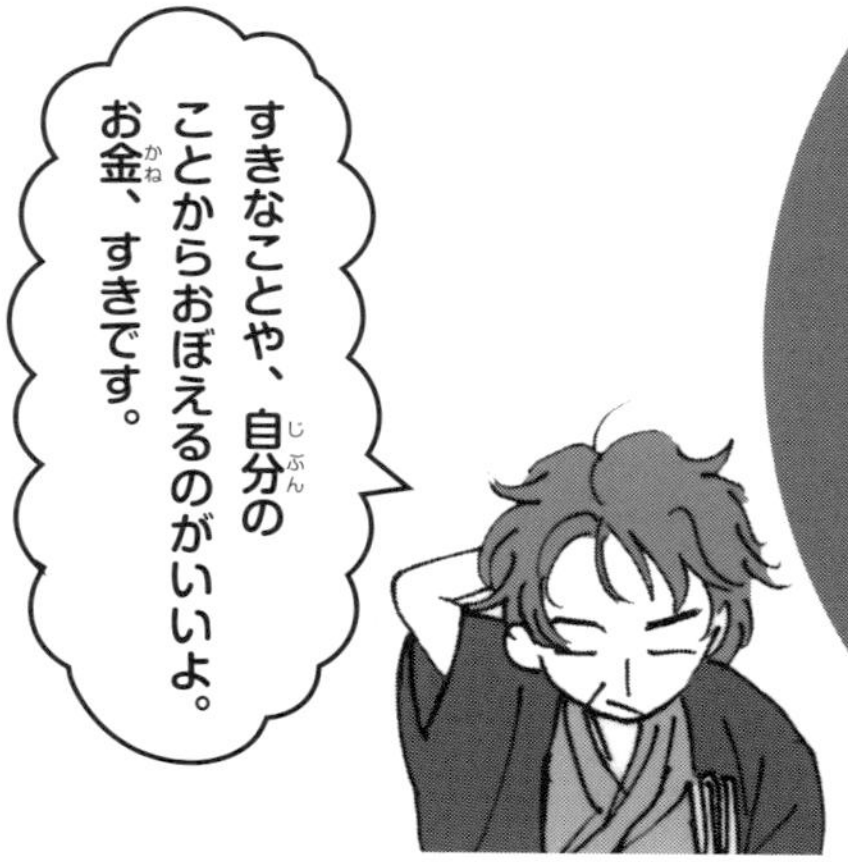
すきなことや、自分《じぶん》のことからおぼえるのがいいよ。お金《かね》、すきです。

1 コイン数《かぞ》えゲーム

いろいろな種類《しゅるい》のコインをかぞえて、全部《ぜんぶ》でいくらあるかを答《こた》えてね。

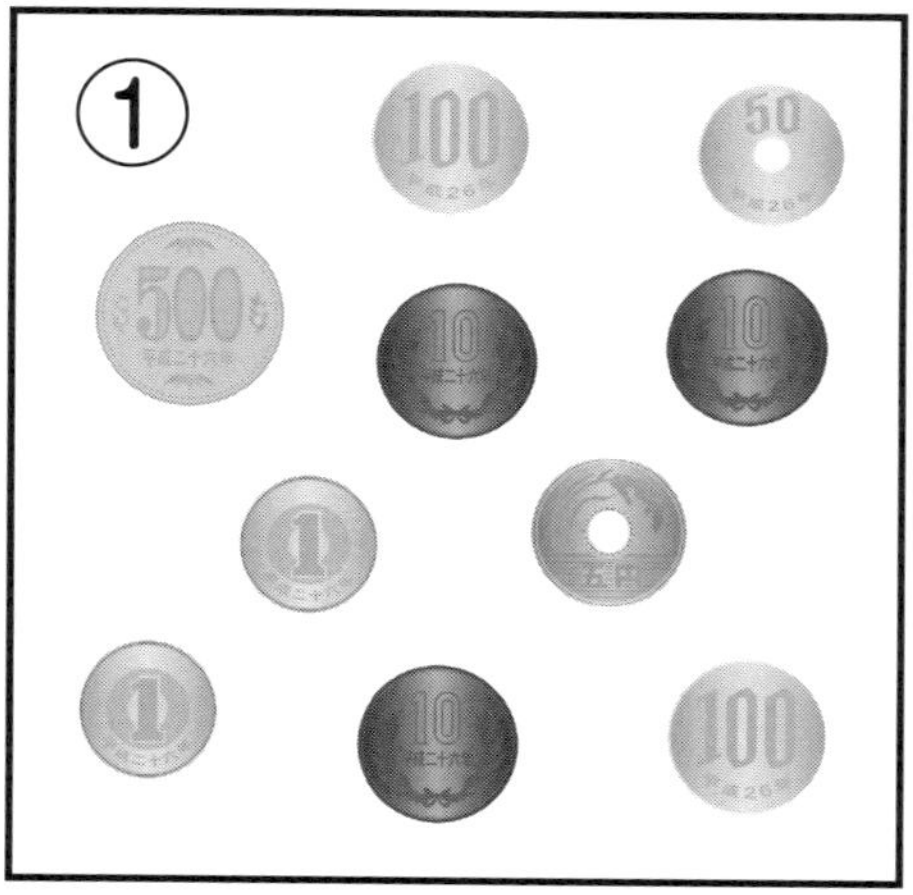
①

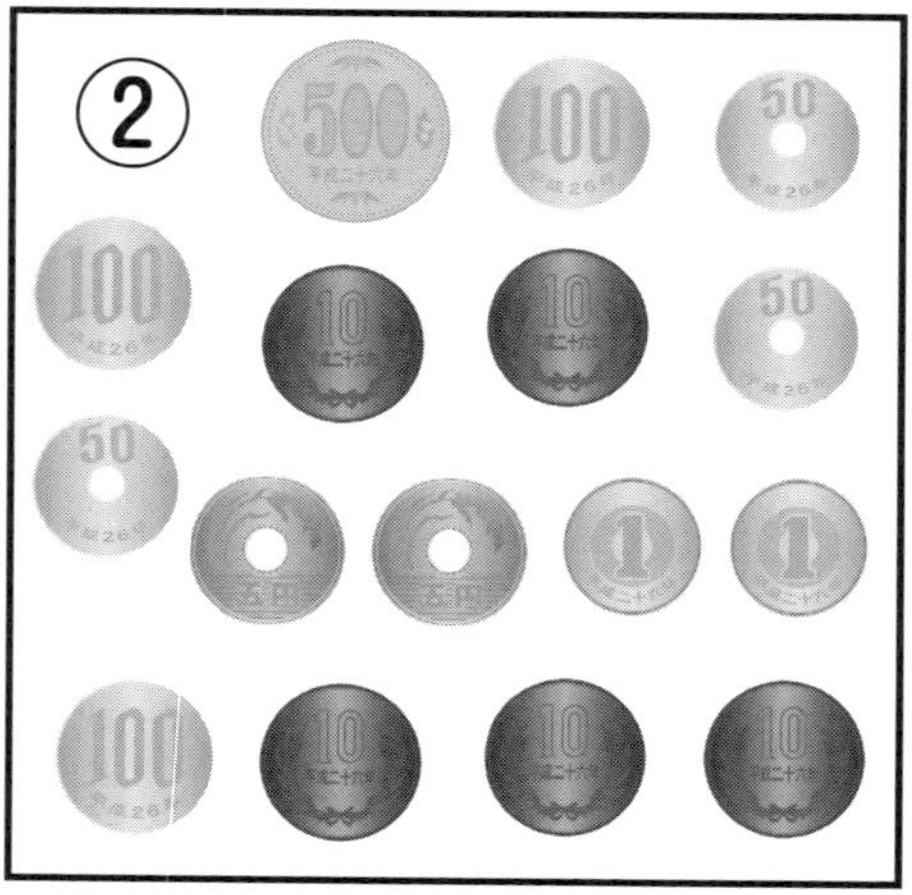
②

上《うえ》の問題《もんだい》がわかったら、うちにあるコインをつかって、チャレンジしてみよう。

2 あるなしクイズ

上《うえ》の絵《え》にあって下《した》の絵《え》にないものが5つあるよ。
できるだけ早《はや》くみつけてね。

3 さかさ読《よ》みをしてみよう

いろいろなことばを、さかさまにいってみよう。文字《もじ》をみないで、頭《あたま》の中《なか》で考《かんが》えて、いってね。

メープルシロップ
↓
プッロシルプーメ
オフサイド
↓
ドイサフオ

4 アルバムをつくる

自分《じぶん》で写真《しゃしん》を整理《せいり》して、自《じ》分《ぶん》のアルバムをつくろう。小《ちい》さいころからの写真《しゃしん》を順《じゅん》番《ばん》にならべてね。写真《しゃしん》の横《よこ》に、思《おも》いだしたことを書《か》くのもいいよ。

★124～125ページのこたえ

1 ①787円《えん》　②1,012円《えん》

2 いなくなった 5ひき→

おわりに

脳《のう》は地球《ちきゅう》をすくう！

わたしの夢《ゆめ》の原点《げんてん》は、海《うみ》です。

波《なみ》の満《み》ち引《ひ》きで目《め》をさまし、海《うみ》をみて育《そだ》ったわたしは、祖父《そふ》の船《ふね》に四歳《さい》からのっていました。ひまさえあれば、空《そら》をみて、カモメをみて、水面《すいめん》をみて、みえない水中《すいちゅう》まで想像《そうぞう》するようになりました。目《め》の前《まえ》には日本海《にほんかい》に佐渡島《さどがしま》がうかんでいました。いつしか、

「船長《せんちょう》になりたい！そして、世界《せかい》の七《なな》つの海《うみ》を航海《こうかい》する」という夢《ゆめ》をもちました。

小学《しょうがく》五年生《ねんせい》のころには、「海《うみ》の中《なか》はどうなっているのだろう？」「船長《せんちょう》もいいが、海洋学《かいようがく》の研究《けんきゅう》をしてみたい」と思《おも》うようになりました。

小学校《しょうがっこう》二年生《ねんせい》までの担任《たんにん》の先生《せんせい》には、「なにか障《しょう》がいがあるかもしれない」「イキイキしているのは、体育《たいいく》、図工《ずこう》の時間《じかん》だけです」と母《はは》が個別面談《こべつめんだん》でつげられました。しかし、小学校《しょうがっこう》三年《ねん》から六年《ねん》まで継続《けいぞく》して担任《たんにん》をしてくださった先生《せんせい》が、わたしにリーダー教育《きょういく》をしてくださいました。それまで競争心《きょうそうしん》はなく、なんでも受《う》け身《み》だったわたしに、先生《せんせい》はクラスのリーダー役《やく》をまかせて、体育《たいいく》の時間《じかん》は準《じゅん》備体操《びたいそう》、集合《しゅうごう》などの係《かかり》を担当《たんとう》させました。次第《しだい》に成績《せいせき》も上《あ》がり児童会長《じどうかいちょう》ができるようになりました。

中学《ちゅうがく》にはいってからも担任《たんにん》の先生《せんせい》にめぐまれ、しだいに「学校《がっこう》の先生《せんせい》になることもいいな」と考《かんが》えるようになりました。ところがそのころ、祖母《そぼ》の関節《かんせつ》リュウマチが悪化《あっか》して、「人《ひと》に教《おし》えているひまはない、病人《びょうにん》を助《たす》ける」と考《かんが》えるようになっていきました。

中学《ちゅうがく》三年生《ねんせい》の夏《なつ》、陸上競技《りくじょうきょうぎ》で、新潟県大会優勝《にいがたけんたいかいゆうしょう》の目的《もくてき》をはたすと、「からだをきたえる」から「脳《のう》をきたえる」に夢《ゆめ》を成長《せいちょう》させました。

そして、その目標《もくてき》を達成《たっせい》するために、医学部《いがくぶ》にいくことにしました。

二十六歳《さい》で医者《いしゃ》となり、その後《ご》三十年《ねん》以上《いじょう》脳科学《のうかがく》の最先端研究《さいせんたんけんきゅう》に没頭《ぼっとう》し心血《しんけつ》をそそいできました。

脳《のう》の障《しょう》がいを疑《うたが》われるような状況《じょうきょう》から、MRI《エムアールアイ》脳画像診断《のうがぞうしんだん》を駆使《くし》して、脳《のう》の中《なか》に個性《こせい》をみつけだし、多《おお》くの人《ひと》びとを治療《ちりょう》するまでになりました。

ふりかえると、夢《ゆめ》をおいながら、わたし自身《じしん》の脳《のう》が成長《せいちょう》するとともに、さらに夢《ゆめ》もどんどんふくらみ、発展《はってん》して成長《せいちょう》したように思《おも》います。

そのわたしの成長《せいちょう》のはじめには、海《うみ》という、豊《ゆた》かな自然《しぜん》がありました。

自然《しぜん》は、脳《のう》を育《そだ》てる力《ちから》を与《あた》えてくれます。

たとえば、朝《あさ》には日《ひ》が昇《のぼ》り、夕《ゆう》には、夕日《ゆうひ》が沈《しず》む光景《こうけい》をみて夜《よる》を迎《むか》える生活《せいかつ》は、脳《のう》のリズムを整《ととの》えます。一日《にち》二十四時間《じかん》、脳《のう》は活動《かつどう》しています。

海《うみ》を取《と》り巻《ま》くさまざまな自然《しぜん》の変化《へんか》を体験《たいけん》してきたことで、脳《のう》が成長《せいちょう》して適応《てきおう》

する力《ちから》が刺激《しげき》されたと思《おも》います。

また、幼《おさな》いころから、家族《かぞく》をはじめ多《おお》くの人《ひと》たちの手助《てだす》けをもらいながら、夢《ゆめ》をおってきました。

今《いま》、世界中《せかいじゅう》をみわたすと、戦争《せんそう》、貧困《ひんこん》、環境破壊《かんきょうはかい》、認知症《にんちしょう》など、いろいろな問《もん》題《だい》があります。

しかし、すべては人《ひと》の脳《のう》のはたらきによるものです。

「世界中《せかいじゅう》のひとりひとりの脳《のう》が、みな平和《へいわ》に過《す》ごせるようにしたい！」

「脳《のう》は地球《ちきゅう》をすくう！」これがわたしの夢《ゆめ》です。

夢《ゆめ》の実現《じつげん》にむけて今日《きょう》も歩《あゆ》みます。

読者《どくしゃ》のみなさんの夢《ゆめ》の実現《じつげん》を、いつでもおうえんしています！

医師《いし》・脳科学者《のうかがくしゃ》　加藤《かとう》　俊徳《としのり》

加藤俊徳（かとう　としのり）

1961年新潟県生まれ。脳科学者・医学博士。株式会社「脳の学校」代表。加藤プラチナクリニック院長。小児科専門医。昭和大学客員教授。発達脳科学・MRI脳画像診断の専門家。胎児から超高齢者まで1万人以上の人をMRI脳画像を用いて診断・治療。脳番地トレーニングの提唱者。

14歳のときに「脳を鍛える方法」を知るために医学部への進学を決意。1991年、世界700カ所以上で脳研究に使用される脳活動計測法fNIRS（エフニールス）を発見。1992年、脳白質線維の活動画像法を国際MR学会で発表。1995年から2001年まで米国ミネソタ大学放射線科MR研究センターでアルツハイマー病や脳画像の研究に従事。自閉症、学習障害、ADHDなどの発達障害と関係する「海馬回旋遅滞症」を発見。

帰国後、慶應義塾大学、東京大学などで、脳の研究に従事。2006年、株式会社「脳の学校」を創業し、MRI脳力診断法や脳トレシステムを開発。2013年、加藤プラチナクリニックを開設し、発達障害や認知症などの脳が成長する予防医療を実践。2017年、脳トレロボアプリ「Pepperブレイン」として、脳番地トレーニングがロボットに搭載。『脳の強化書』（あさ出版）、『めんどくさいがなくなる脳』（SBクリエイティブ）、『発達障害の子どもを伸ばす 脳番地トレーニング』（秀和システム）、『脳を強化したければ、ラジオを聴きなさい』（宝島社）、『男の子は「脳の聞く力」を育てなさい』（青春出版）、『才能の育て方』（小学館）など著書多数。

装丁　ジュン・キドコロデザイン
本文デザイン　DOMDOM
編集協力　立原滉二、工藤真紀
装画・イラスト　坂本真美

夢をかなえる10歳からの脳番地トレーニング

2018年　4月　初版第1刷発行

著　　者　加藤 俊徳
発 行 者　水谷 泰三
発　　行　株式会社**文溪堂**
〒112-8635　東京都文京区大塚3-16-12
TEL : 03-5976-1515（営業）　03-5976-1511（編集）
ぶんけいホームページ　http://www.bunkei.co.jp
印刷・製本　図書印刷株式会社

ISBN978-4-7999-0268-4 NDC370/129p/210 × 148mm